南天瑰宝

南诏大理国佛国艺术

马榆 编著

云南出版集团
云南美术出版社

图书在版编目（CIP）数据

南天瑰宝：南诏大理国佛国艺术 / 马榆编著. --
昆明：云南美术出版社, 2021.3
ISBN 978-7-5489-4079-1

Ⅰ. ①南… Ⅱ. ①马… Ⅲ. ①佛像—造像—研究—大理白族自治州—唐宋时代 Ⅳ. ①K879.34

中国版本图书馆CIP数据核字(2020)第259391号

出 版 人　李维　刘大伟
责任编辑　李林　陈铭阳
装帧设计　庞宇
责任校对　台文

南天瑰宝
南诏大理国佛国艺术
马榆　编著

出版发行　云南出版集团
　　　　　云南美术出版社（昆明市环城西路609号）
印　　刷　云南宏乾印刷有限公司
开　　本　889mm×1194mm　1/16
印　　张　11
字　　数　150千字
版　　次　2021年3月第1版
印　　次　2021年3月第1次印刷
ISBN 978-7-5489-4079-1
定　　价　298.00元

序

十六年前，由同道挚友松群君引荐，我结识了刚涉足收藏的年轻企业家马榆先生。他给我的印象是勤学而有灵气，谦逊但有见地。那时他常与我和松群、文斗、王昆诸君一起，鉴赏朋友们的藏品，讨论真伪和断代问题。据说，他会把每次讨论的心得整理成笔记，就像他写读书笔记的习惯一样。刚开始，马榆的收藏仅限于瓷器，随着兴趣的广泛和深入，他又开始涉猎种类繁多的金石杂项。近年来，他醉心收集南诏、大理国时期的各类佛教造像，日积月累，竟成大家。

近两三年来，很少见到马榆先生，也不知道他在忙些什么。今年6月下旬的一天，突然接到他的电话相约，事前我想，一定是收到一件好东西让朋友分享其快乐吧。殊不知会晤时放到我面前的竟然是署名马榆的《南天瑰宝——南诏大理国佛国艺术》，是一部准备公开出版的样书。真是"士别三日，当刮目相待"！震惊之余，不敢怠慢，细细读来，颇有感触。

看得出，马榆先生近年来已不满足于简单的收藏之乐，他将这种乐趣延伸到学术研究的领域，由一名文物收藏爱好者转变为专业的学者型收藏家。在他的近10万字的洋洋巨著中，马榆由大理佛教造像拍卖市场入手，将拍品回归到他曾依存的那个历史空间中，述说他们当时的类别和神格，又引入佛教发展的历史变迁和铸造工艺的特征，由浅入深，循序渐进，见物见人，俨然一部可阅可圈的专业学术论著。

关于佛教传入云南的时间，历来有"中唐说""初唐说"和"东汉说"几种。从目前的考古发现看，至迟在东汉晚期到魏晋南北朝时期，云南已有佛教遗物出现。但值得注意的是，这些佛教文物主要出现于砖室墓、梁堆墓等受汉文化影响的墓葬中，说明云南早期佛教的传播与中原文化密切相关。

真正具有云南特色的佛教文化主要是密宗传入以后。大约公元6至7世纪，东印度波罗王朝密宗兴起，迅速向外扩张。公元8世纪开元三大士得到唐玄宗的支持，在长安广译经籍，弘扬密法。这一时期，由于密宗与上层建筑的结合较为紧密，东传以后得到皇室贵族的支持，盛极一时。传入云南后，很快被南诏王室推为"国教"。但正是由于与政治的密切关系，密宗的传播也同样受到政治斗争的冲击，在中原的“会昌灭佛”和吐蕃的“朗达磨灭佛”之后，早期密宗仅在西南一隅得以保存延续，因此南诏、大理国的佛教造像成为研究早期密宗的不可多得的珍贵实物资料，受到了国内外学术界的广泛关注。

从地理位置上看，唐宋时期的云南处于印度、东南亚与国内吐蕃、中原的交通要冲，其造像受到这几大佛教传播区域的影响，从而形成了自己独特的艺术风格。由于南诏、大理国佛教造像多元化的丰富文化内涵以及它的稀有性，近年来倍受佛教艺术品市场热捧。

笔者以为，《南天瑰宝》的作者从学习鉴定理论到收藏实践，继而博览群书，苦心钻研，将其心得上升为更广泛的学术研究，是非常难能可贵的。作者的选题，具有地方性、民族性，亦具有世界性，是值得推许的。特别可喜的是，他的研究方法，不仅广泛吸收前人的研究成果，还十分注重利用国有专业文物收藏单位的藏品进行比对，形成了自己独到的见解，颇具科学严谨性，这是我们所提倡的。尽管本书的观点有些还需要时间的检验，但其中不乏真知灼见，无疑为专业研究提供了有益的帮助和启示。

近年来，随着文物艺术品市场的繁荣，越来越多的人加入文物收藏的行列中来。但对文物藏品优劣的判断，大多数爱好者是以经济价值来衡量的，殊不知文物价值并不是简单地用价格多少来认知的。《中华人民共和国文物保护法》对文物价值的定义为：历史价值、科学价值和艺术价值。对于这三种价值的认识，需要建立在对文物的充分研究的基础上。我希望云南当前的文物艺术品市场，再多一些像马榆先生这样的专业收藏家，就会更多一些理性。同样，我们的本土文物研究水平，如能更多一些像马榆先生这样的研究者，定能得以整体性提升。

是为序。

张永康

目录

南诏、大理国年代表

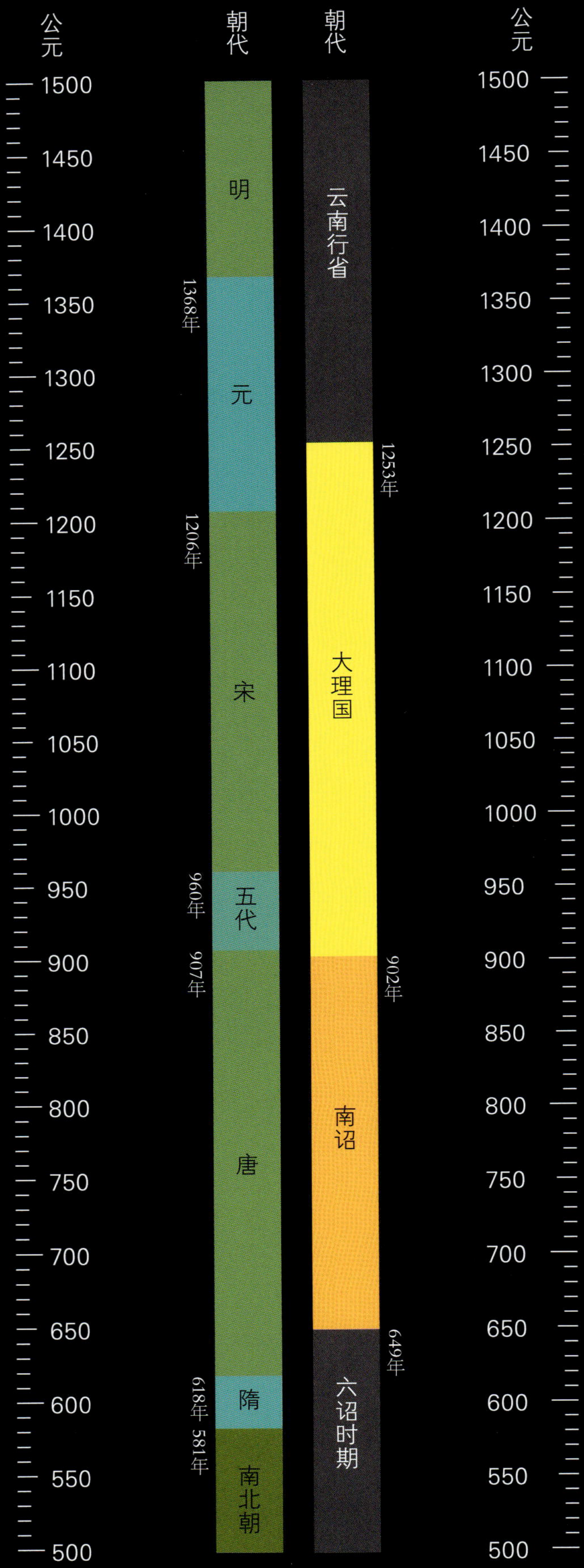
公元
朝代
明
1368年
元
1206年
宋
960年
五代
907年
唐
618年
隋
581年
南北朝
朝代
云南行省
1253年
大理国
902年
南诏
649年
六诏时期
公元
1500
1450
1400
1350
1300
1250
1200
1150
1100
1050
1000
950
900
850
800
750
700
650
600
550
500

引言

云南，一个古老神秘的地方。从五亿三千万年前澄江帽天山发现地球上最早的脊椎、半脊椎动物及昆虫动物，到一百六十万年前的元谋猿人，再到春秋战国时期绚烂的青铜文化，印证了云南历史发展的博大深远。1995年扶永发先生出版了《神州的发现》一书，书中记载了他对《山海经》的多方考证，认为《山海经》中“东观日出，西有火焰之山，南站立无影，北有四座冬夏不溶的雪山……”与云南的山山水水相吻合，就是云南的祥云坝子、腾冲火山、墨江南北回归线及丽江方向的玉龙雪山，梅里雪山、哈巴雪山、白马雪山，进而推证云南是亚洲人类的发源地之一，是华夏文明诞生的地方。

早在春秋时期，云南就存在着一条通往印度、西亚及沿海地区的商贸古道，这条古道被称为“蜀身毒道”。“据考证，这条古道在公元前四世纪或前十一世纪就已经形成，而且不止一条”。秦朝修筑滇蜀“五尺道”后，云南与祖国内地的联系日渐紧密，公元前109年汉武帝立“益州郡”，云南成为西南丝绸之路的重要组成部分，是中原通往印度及南亚半岛的咽喉要道。由于交通的便利，在南来北往的商人行旅中，不失僧侣的身影。梵铃声声，印度僧侣将他们的信仰——佛教带入云南，继而传入中原。

此后数千年来，在这块红土高原上，由于地理位置的特殊性，有来自北方尼泊尔、西藏的蕃僧，来自东边的汉僧，有来自西方印度的梵僧及来自南方斯里兰卡等地的胡僧等，他们云游于山间峡谷、平地坝子，在部落族群中讲经说法。四方来僧，百花齐放，印度的密宗在与大理地区的巫教长期融合后，约八世纪中叶形成了独特的佛教密宗“阿吒力教”。阿吒力教深刻地影响了南诏、大理国时期社会的方方面面，出现了“家无贫富，皆有佛堂。人不以老壮，手不释珠”的盛况，被称为“妙香佛国”。 阿吒力教的形成与兴盛，在云南历史长河中留下了丰富的文化遗产，其中，这个时期产生的众多佛教铸像，都是艺术的瑰宝。在这些被后人统称为“大理佛”的铸像中，有中原韵味的阿弥陀佛，印度帕拉风格的“阿嵯耶观音”，尼泊尔、西藏遗风的“大黑天”，阿吒力教的始祖“赞陀吉多”……众多的佛神尊容，蔚为大观，也使云南成为我

国佛教造像制式最多的省份之一。

沧海桑田，战乱灾害，特别是清初阿吒力教被定为邪教，使大理国佛教造像遭到毁灭性的破坏，损失巨大，古代佛国渐为世人淡忘。1925年大理地震，崇圣寺三塔上震落若干佛像及宗教物品，引起国内外专家的关注，这岂不是神佛向世人昭示佛国的本来面目，向今人展示其昨日的辉煌？

新中国成立之后，由于“文革”对宗教文物的漠视，大理佛像存世日渐稀少，1978年~1983年期间，云南省政府对崇圣寺三塔进行了维修，清理出金属佛教铸像200余尊。为此，李昆声、张永康老师等人先后著书对大理国佛像进行了介绍，揭开了其神秘的面纱。我们有幸从这些弥足珍贵的佛教艺术品中，管窥到昔日妙香佛国的辉煌。

近年来随着收藏的火热，大理佛像的价格节节攀高。但由于大理佛像存世不过千数，诸佛尊容鲜为今人所识，致使在这股拍卖和收藏热流中，难免出现种种问题。如在海外，所拍卖的云南大理佛金属造像多为“阿嵯耶”观音像，每年仅有一二尊，均能拍出高价，让一些人产生了“阿嵯耶”就是大理佛，大理佛就是“阿嵯耶”的局限认识；而内地对大理地区佛教造像认识模糊，一些中小拍卖公司也经常张冠李戴，从地域上不是归入藏传就是归入中原，时间上不是划入辽金，就是划入明清；许多人仅从佛像表面老旧程度而以为它真的辗转数百年才现世而作为稀有之物而收藏，争相供奉，跪拜祈求，却不知其为何方神圣。面对茫茫众生，佛陀无语，是非由人。面对尊崇与亵渎，佛陀保持着视忍如常的盲哑之智，将世间风云漠然化解。

我是一个热心于大理佛教铸像艺术的收藏者，在长期的收藏欣赏和鉴别实践中积累了一些感想与经验，愿与广大收藏爱好者分享。本书所有赘言，目的就是逐步还原南诏、大理国佛教文化及铸像的真实面目。

我认为，对佛教铸像的收藏，首先应该建立在对佛教的理解和对诸佛菩萨的尊崇之上。释迦佛是人，他和我们一样有血有肉，有生有死；释迦是佛，是因为他在恒河流域点燃了佛教之火，并普照大地，让众生在现世中精神得以解脱。我们请佛拜佛，目的是追求其解脱人生烦恼痛苦的真理，深明事物的幻化不可强求，放下牵挂，保持生死随意的心迹；更应学习佛陀普度众生的精神，生活中，把爱给予别人，尽力为他人服务，化解私心杂念，这样才能求实必应，求福成佛。

其次，收藏佛教铸像，应当有实事求是的科学态度。先圣并不知后人为其制造了若干制式的身影，今天所见的所有造像，均是各个时代后人对先圣的追思怀念、顶礼膜拜的影像结晶。造像不是静态的圣影，每一尊佛教铸像，都蕴含着制作年代的政治、经济、科技和社会习俗的丰富信息。对佛教铸像体相和年代的误判，都会导致对这些丰富信息的扭曲与误读。

今天我们对古物的研究与看法，都是通过出土或传世的器物进行对比推理而出的，这仅是一个时段的结果。生命的真谛，事相的本质是每个人都需要思考的问题，只有观察才有存在，探索与发现将继续下去……

云南佛教的传入

佛教传入我国的主要线路

公元前6世纪至公元前5世纪，佛教在印度产生。创始人悉达多·乔达摩出生于古印度释迦族聚居的迦毗罗卫国。他是该国净饭王的太子，16岁结婚，29岁出家，雪山修行6年后在菩提树下悟道成佛。由于其族氏释迦，人们尊称他为释迦牟尼，即释迦族的圣人。

影响世界三分之一人口的佛教，从创立以来，特别是公元前3世纪孔雀王朝阿育王将佛教定为国教之后，就不断地向周边国家发展和传播。作为印度的近邻，我国自然较早受到印度佛教的濡染。但佛教什么时候传入我国，又是通过什么线路传入，历来学术界存在不同的看法。而占据主流的观点认为，佛教传入我国的线路主要有两条，即北方西域的陆上途径和南方海路途径。

北方西域传入的途径指的就是著名的北方丝绸之路。北方丝绸之路是指西汉（公元前202年~公元8年）时，由张骞出使西域开辟的以长安（今西安）为起点，经甘肃敦煌、新疆和田等地，到中亚、西亚，并联结地中海各国的陆上通道。因为由这条路西运的货物中以丝绸制品的影响最大，故得此名。印度佛教经由克什米尔、白沙瓦传入安息（今伊朗东北部和里海东南一带）、大夏（阿富汗）后，再由此道传入我国。

南方海路的传入途径又叫南海丝绸之路，形成于秦汉时期，是古代中国与外国交通贸易和文化交往的海上通道。该路主要以南海为中心，起点主要是泉州、广州。通往耶婆提国（今苏门答腊、爪哇）、狮子国（今斯里兰卡）到印度等地。从东晋、南北朝开始，由海路来华的僧人逐渐增多，形成一条佛教传播线路。

近年来随着研究的深入，一条更为古老的线路渐被人们认可，它就是“蜀身毒道”。

悉达多·乔达摩出生于迦毗罗卫国

云南是印度佛教传播最早的地区

从地域范围上讲，南诏自公元728年（唐开元二十六年）由六诏合并而建立后，其鼎盛时期的疆土十分辽阔，不仅涵盖了现今云南省，还包括了今天邻国的部分疆土，强大统一的南诏为佛教在这一地区传播奠定了地理和社会基础。而现在的印度与古代的印度也是不同的，西汉称其为“身毒”，东汉称为“天竺”，直到唐代才确定译为“印度”。在古代，印度并不是一个统一的国家的名称，而是一个地理范围的概念，它包括现在的印度、巴基斯坦、孟加拉、斯里兰卡、尼泊尔和不丹等国在内的整个印度次大陆。特别是到了笈多与后笈多时代（公元380年~730年），其国力与统治范围达到全盛，领土西起旁遮普，东至孟加拉，北到喜马拉雅山，南抵纳马达河，疆土范围十分广阔。从隋朝疆域图上看，隋朝年间至南诏初期南诏的疆土北部与突厥相连，南部直达太平洋，西部大部分与天竺接壤。

《新唐书·南诏传》在记述南诏疆域时说："南诏东距爨，东南属交趾，西摩伽陀，西北与吐蕃接，南女王国，西南骠，北抵益州，东北际黔巫"。同书《西域传》称："天竺，汉身毒国也，或曰摩伽陀，或曰婆罗门。"由此可知南诏的西面与天竺的摩伽陀是直接相连的。"杨佐《买马记》到《里堠题碑》说大理交通'东至戎州，西至身毒国，东南至交趾，东北至成都，北至大雪山，南至海上'，这说明大理国时期的西部疆域仍保持了南诏时期的格局，直接与天竺相连，天竺僧人便从'西二（洱）河天竺道'十分便捷地进入洱海区域传播密宗"。

后笈多时代，印度遭异教国家入侵，佛教受到毁灭性打击，大批"天竺梵僧"远避大理，有的还在南诏、大理国王朝担任国师，使佛法种子东传不绝。一个显而易见的事实是：宗教的传播及影响是和人类早期活动的轨迹相关的，受到人类迁徙和通商的影响最为直接，当时的传播并没有今天所想象的如此遥远复杂。由于古代云贵高原地理位置的特殊性，云南与印度山水相连，古印度在与邻国的交往贸易中即可达到佛教传播的目的，印度佛教经"蜀身毒道"首先传入云南。我们的先民把茶叶、药材、瓷器、盐等商品运到印度及当时的孟加拉湾一带，又将当地的大龟、贝壳、珠玑、玳瑁、象牙、孔雀羽等珍宝运进来。20世纪70年代以来，先后在大理剑川沙溪鳌峰山古墓及滇池李家山、石寨山战国墓中，出土了贝币、绿松石、琉璃等物（沙溪鳌峰山古墓距今2420年左右），《后汉书》记载："琉璃为大河氏人特技"，从这些出土的珠子、松石等可确定早在战国之前，蜀身毒道就已开通，西亚、中亚与大理、昆明一带已有物资交流。至汉代张骞出使西域时，在大夏（今阿富汗）看到四川的丝绸、筇杖等

滇池、洱海一带出土的绿松石雕件

滇池、洱海一带出土的，蚀花红髓珠、玉管及战国琉璃珠

物品，就是从这条道上流通出去的，由此中原才知道这条古道的存在。张增祺先生说：“春秋、战国时期云南还不是什么‘边疆’，当地的居民也无所谓‘少数民族’，有的研究者往往喜欢用一些后起的概念解释云南古代的历史和民族，这不仅不符合具体问题作具体分析的原则，也是和历史事实相违背的。”元初郭松年到大理后说：“此邦之人西去天竺（印度）为近”，此话说出了两层意思：一是说元朝的官员仍认为大理属南蛮异邦；二是说大理距印度最近，是印度的近邻。因此大理早在公元前六世纪佛教产生后不久，就与印度有贸易相通，云南许多古籍书称“摩伽陀国”、“婆罗门国”等都是指的印度。“在20世纪50年代初中缅边界重新划定前，云南与印度一直是接壤的”。由于地域比邻，民间交往频繁，尤其是“蜀身毒道”的开通，使早在滇国时期云南就有南亚地区、或经南亚输入的许多更遥远地区的外来产品，如蚀花石髓珠、琉璃珠、海贝等。“东汉时云南西部的永昌郡有长久居住的‘身毒之民’，云南历代使用的贝币多从印度而来，也非偶然”。原始社会晚期至奴隶社会中期，在金属货币出现之前，商品交流的重要媒介便是“贝币”，近年来在云南保山、大理、禄丰、楚雄、昆明、曲靖以及四川凉山、茂县等地都出土了大量贝币，如果把这些地点用线联结起来，这就是一条印度与云南及四川商贸交流的陆上通道（这种海贝产于印度洋沿岸，背部呈现一圈黄色的圆环，称为环贝）。

保山火葬罐中出土的贝币

我们试想，佛教传入我国是由印度经西方的波斯国绕道北方的突厥再入中原，还是直线通过云南沿着长江进入中原，哪条路更近、更方便？显然是后者。佛教在传播过程中应遵循先近后远的自然渗透。当然，由于早期云南社会经济文化及地理环境的特殊性，部落族群多而分散，巫教势力强大，佛教初传时力量尚弱，但这并不能成为否定这条最早的佛教传播线路存在的理由。即使如众多史家所说，我国佛教始传东汉明帝时（永平十年）遣蔡愔赴印度访求佛法，邀得摄摩腾，竺法兰来华，并以白马驮回佛像及经卷至洛阳。蔡愔赴印度，一些资料记载其走的路线也是西南“蜀身毒道”。据《云南万历通志》载：大理城南感通寺“汉时摩腾，竺法兰由西天竺入中国时建”，与之相关的还有昆明白马寺，也传谓汉时摄摩腾、竺法兰建。又安宁县（汉称连然县）法华寺后有晒经石，县志云为蔡愔取经遭雨、晒此，遗迹犹存。“明代张碧泉、杨升庵、李元阳三人都考证蔡愔是取道滇西，往返天竺取经，因为据《汉书》《后汉书》记载，蔡愔出使天竺之日，正是汉与匈奴关系紧张之时，他决不会走西域道而必定走传统的蜀身毒道，这样，就为滇川沿线留下了一批汉代寺庙。”也就是说佛教传播首先到达滇川一带，然后才到洛阳。同时天竺僧也沿着此道进入云南地区，再进入四川，继而沿着长江流域向楚国等地沿海传播佛法。公元前三世纪，印度孔雀王朝阿育王弘法，分释迦牟尼舍利为84000份，派遣僧团四处宣扬佛教。虽然云南官方至今尚无佛教舍利的发现，但西安法门寺、南京报恩寺、宁波阿育王寺均有佛祖舍利供奉，如果这些佛祖舍利在这个时候进入中原，那走的也是“蜀身毒道”。因为当时的中原处于战国时期，小国林立，纷争不断，北方西域之路尚未开通。而云南本地也出现了阿育王三子一舅追逐金马至滇池化为金马碧鸡之神的传说。大理地区的众多塔、寺，也有史料记载为阿育王故封而建。“释同揆《巷洱丛谈》亦云：‘天竺幅员之内，为阿育王故封，曾建8400塔。大理塔基数百，皆其旧址’”。又云：“苍山向有五百寺，皆阿育王建，今尚有60余”；“1990年，大理发现一些东汉‘熹平年’铭文砖古墓，出土吹箫俑七件，头戴尖顶帽，窄长脸，深目高鼻，结跏趺坐。此外，在保山蜀汉延熙年墓中，出土一件光头高鼻的陶僧首。这与永昌地区有‘身毒’之民的记载正好相符”此外在大理州博物馆及民间也可看到一些陶制的梵僧俑。从大理、保山一带的汉晋砖石墓中出土的这些“高鼻深目”的梵僧俑，说明沿着滇、蜀“身毒”之道往返的商团、僧侣绝非推测妄言。同时在滇池一

加彩吹奏梵僧俑　明　陶俑　高28厘米

陶制长方形梵文砖

正方形梵文莲花藻井　汉　青石　长宽31厘米

带的汉晋墓中（也称为梁堆），常有方形的砖石及藻井出土。其上多刻凿莲花及梵文，洱海与滇池都在佛教传播的蜀身毒道上。

《南中志》载：“滇池县故地也……西爨王墓，累累在望”。这些莲花、梵文的砖石是早期佛教在云南传播的最好实物。义静《大唐西域求法高僧传》“慧伦传”中附记二人由蜀牂河道西游亦是由蜀经洱海区域而至天竺。慧琳在他译著的《一切经音义》卷八十一中叹道：“（永昌道）是大唐与天竺险路之捷径也。”“捷径”也就是最近的意思。

“《太平广记》‘宣律师’条载唐乾封二年（公元667年）春二月，韦陀将军告宣律师曰：宣师又以《感通记》问天人曰：益州成都多宝石佛者，何时代像，从地涌出？答曰：蜀都元基青城山上，今之成都，大海之地。昔迦叶佛时，有人于西洱河造之，拟多宝佛全身相也，在西洱河鹫山寺。有成都人往彼兴易，请像将还，至今多宝寺处，为海神蹋船所没……今向彼土，道由朗州过大小不算（勃弄），三千余里，方达西洱河。河大阔，或百里，或五百里。中有山洲，亦有古寺，经像尚存，而无僧住；经同此文，时闻钟声。百姓殷实，每年二时供养古塔。塔如戎坛，三重石砌上有覆釜，其数极多。彼土诸人，但信神冢。每收光明，人以蔬食祭之，求其福祚也。其地西去州二千余里。闻去天竺非远，往往有至彼者。”以上记叙说明早在唐初之前，印度佛教在大理已有一定规模，铸像筑塔，并向四川一带传播开来。

千寻塔顶发掘的金质单层塔模

位于昆明安宁市的《王仁求碑》立于公元698年，碑额正方有一佛龛，龛边饰有莲花纹，龛内雕有释迦、多宝两尊佛像，两佛均结跏趺坐于须弥座的莲花台上，两佛须额弥座间雕一七重石塔。此碑的出现告诉了我们什么呢？一是向我们展示了云南早期造像的风格，佛教在云南的传播铁证如碑；二是佛像、塔、莲花等佛教题材的雕刻，说明王仁求去世前的几十年前，也就是6世纪中早期，佛教不仅在洱海一带，也在滇池流域传播；三是佛教传播的深度、广度可能超过了我们的今天。今天由于科学的发展，在陵园墓地已很难见到佛教纹饰的石碑了，而从《王仁求碑》可看到当时不仅贵族，一般小吏民众也知道生前可用佛教来释疑解惑，死后灵魂也能在佛陀的引导下脱离六道走向天堂。“任继愈先生主编的《中国佛教史》明白无误地指出：关于四川佛教，在东晋之前缺乏记载。四川佛像的发现，给佛教史学界提出一个问题，四川的佛教是什么途径输入的呢？是从西域经敦煌直接输入的，还是从长安、洛阳输入的？我们认为更大的可能是通过云南输入的。在佛教的传入、传出的研究中，美国纽约大都会博物馆何恩芝博士和日本龙谷大学山田明尔教授等一批学者也力主云南初传说。他们甚至认为，日本早期佛教也是由云南到四川，经长江流域、北上山东半岛，最后东渡扶桑传入日本的。”

昆明安宁市《王仁求碑》碑头佛龛

印度佛教在云南的传播除了“吹箫俑”“梵僧头”“王仁求碑”等一系列实物及大量史书记载外，我们今天回过头来，仍可看到还有许多佛教东传时在印度与云南两地之间留下的一些相同的宗教信仰及文化习俗。首先在两地的佛教文化中出现了一种共同的动

印度新德里饲养的眼镜蛇

印度阿旃陀石窟第九窟蛇王与王后雕像

印度桑奇大塔柱上的蛇王像

物——蛇。在西方，蛇因诱惑人类的祖先偷食禁果而成为邪恶的象征，而在东方蛇却被视作一种图腾，接受人们的崇拜。在古印度，蛇为神，是民众崇拜物之一，梵名萨跛（sarpa），它的出现可追溯到印度流域文明的初期（约公元前2500年），蛇的传说在印度《古事记》中有大量的记载，到笈多时代，桑奇大塔及阿旃陀石窟上多有蛇王的雕塑。“在《蛇王与王后》的浮雕中，蛇王头后的七条蛇组成一个光环，像佛陀的头光一样将蛇王护卫起来，蛇王坐在方台之上，自在式的身形神态安详，王后左手拈着一朵莲花，回眸注视着蛇王，蛇王右侧是一手持拂尘的侍女”。对蛇的崇拜及文化习俗，此时在遥远的滇池流域也正在上演，从李家山、石寨山出土的青铜器上，我们看到先民对蛇的信仰。在这里它已脱去神的外衣，变为一种爬物的猛兽，多在战斗的撕咬中出现，也出现在大型祭祀活动之中，到公元七世纪前后这一习俗仍在南诏大理国延续。只不过蛇由一种攻击的动物变为了一件武器——蛇索（蛇头后的蛇身简化为绳索，能飞出去的武器）。在大

西汉青铜蛇蛙缠搏扣饰

云南省博物馆藏西汉虎牛搏斗扣饰

云南省博物馆藏西汉杀人祭铜柱贮贝器局部

理密宗造像上，所有护法天王的手臂、脚腕、多数金刚杵的指环上及兵器等柱状形的圆杆上，都有蛇索的缠绕。在北半球亚热带这一广阔的纬线上，气候炎热潮湿，正是蛇的家园，蛇的出现是正常的。但一千多年前能同时信仰同一动物，都将它放入宗教文化之中，并用雕塑及若干传说表达出来，不能不说是蛇让印度与云南两地之间相互联系并深深影响着。

除了蛇以外，还有一种动物出现在两地早期的佛教造像上，它就是鹅。鹅在佛教中是游方僧的象征，他们将“正法”的理念远播四海。在白沙瓦博物馆收藏着一只贵霜王朝时期迦腻色迦王的青铜舍利盒，在盒盖顶端的中央坐着释迦佛， 两边站着因陀罗和梵天，沿盖子的边缘雕着飞翔的鹅；在桑奇大塔的围栏上，雕有释迦佛乘舟远行图，图的上方有七只壮硕的鹅游弋在释迦佛的船旁，桑奇大塔是公元前3世纪至公元1世纪印度德干地区佛教雕刻艺术的精华。早期佛教装饰上盛开的莲花与游动的鹅常常一起出现，佛身旁的鹅体现了完美的平衡及早期朴实的生活气息。到了公元4世纪笈多王朝时，佛的形象开始从朴实的生活走进了威严的神殿，佛身旁的鹅也变为了雄伟不可侵犯的狮子。在北半球亚热带这一广阔的纬线上，我终于在云南大理的佛教造像上看到了早期的三只鹅。一只出现在昽岍图山出土的一块已残破的红砂石上，鹅精神抖擞地立在一朵盛开的莲花上；另外两只出现在一面早年逛三月街收购的铜镜上，铜镜上端坐着的释迦佛，左右两旁健壮的鹅背上各负一协侍，高冠博带……我们今天的影视图片中，释迦佛的两旁都是清一色的狮子，许多信众可能都不知道在佛教装饰中还有鹅，更不知鹅的象征意义，这可能是因为鹅出现的年代太早，以致4世纪后的工匠都把这一早期的神灵遗忘了。中原直到6世纪初期，才在一些锤揲的生活用品中出现了鹅的身影。今天，我非常欣喜地在距印度几千公里外的云南，见到了“正法”时期佛教传播的功臣“游方僧”，是他从德干高原游向了云贵高原，让两地保持有一致的早期佛教装饰图案。他真的代表着许多默默无闻的梵僧，将佛教远播四海。

印度与大理另一个相似的文化习俗是“立柱纪事”。在阿育王皈依佛教后（公元前273年～公元前236

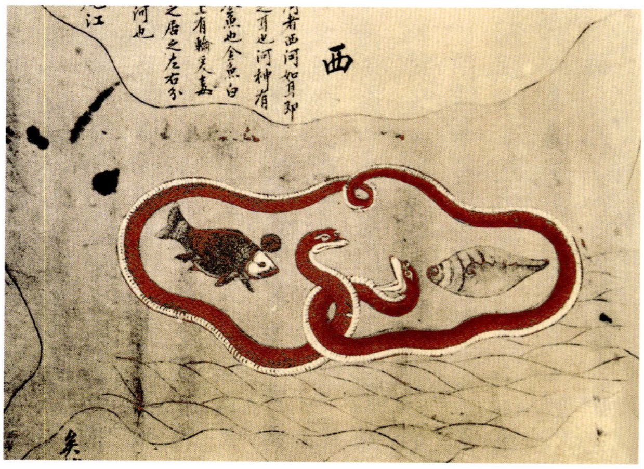

《南诏图传》中的“洱河四致图”蛇身像绳索一般缠绕

白沙瓦博物馆藏迦腻色迦王青铜舍利盒

释迦佛乘舟远行图

桑奇大塔北门

桑奇大塔围栏浮雕

大理巍山巄峿图山清理出的红砂石雕像，南北朝时期

佛说法铜镜　隋　直径9厘米

双鹅交颈银饰盒　唐　直径　3.5厘米

年），立柱纪事这种形式在古印度非常普遍，多以简短的诗句将重大事件雕刻于石柱及铁柱之上，这些珍贵的史迹成为古印度历史的见证。德里清真寺矗立着一根重达6吨的巨大铁柱，它铸于公元4世纪的笈多王朝……在北半球亚热带这一广阔的纬线上，古印度立柱记事这种文化表现形式也在滇池及洱海一带出现，在晋宁石寨山及江川李家山出土的贮贝器上都出现了杀人祭柱的场景。在《南诏图传》中也有张乐进等九人禅让而祭祀铁柱的画面，这根铁柱是南诏王室的图腾柱。在大理弥渡城西的铁柱庙内现仍存有一根南诏建极十三年的铁柱，此柱“四时享祀，有祷必应。”虽然这些柱矗立的年代有前有后，材质有石有铁，内容也各不相同，但立柱的功能是一样的：记录重大事件，祭祀大型活动，“铁柱标千古”，让柱成为历史的见证。通过立柱这一文化现象，毫无疑问地说明古印度的一些文化因素在佛教传播中已被滇池、洱海一带的王室大姓所接受。

印度阿育王石柱上的婆罗迹刻字铭文

说大理是印度佛教传播最早的地区之一，从其火葬的历史可见一斑，印度国葬最重视火葬，因为葬礼

摩耶夫人祠西的阿育王石柱　高7.2米

印度南加尔石柱

云南省博物馆藏西汉杀人祭柱贮贝器

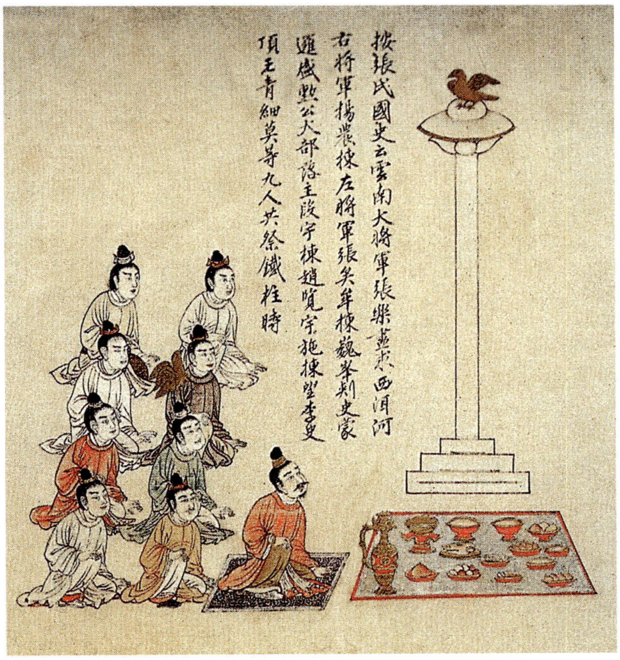

《南诏图传》祭祀铁柱的画面

大理弥渡铁柱庙内的唐标铁柱

过程对死者灵魂的走向非常重要。在佛陀出世之前，火葬被视为正葬，今天我们乘船在恒河上游览，仍可见到两岸壮观的火葬场面。当印度密宗传入大理后，在梵僧及古代乌蛮的劝教下，大理地区从土葬渐渐变为火葬。大理及周边地区大量的火葬遗存及很多的骨灰罐上刻写的梵文经咒，都是印度密宗影响的产物，这与同时期中原的土葬是不一致的，中原到南宋高宗时仍禁止民间火葬。大理地区盛行的火葬是随着密宗阿吒力教一同衰落的，直到清初阿吒力教被禁止后，才逐渐恢复了土棺葬。

诵经是佛教传播中最重要的内容，大理现在还有持金刚杵诵经的习惯，金刚杵原为古代印度密宗用来驱魔的一种法器，印度梵僧在传教时手持金刚杵的方法，深深地

印度恒河沿岸的火葬场面

大理地区的火葬墓墓幢

画有莲花纹饰的火葬罐

体现在了阿吒力教的仪轨之中，这与中原僧人念诵时手持念珠的方法明显不同。

另外在两地的石雕造像上，我们看到了同一种服饰的流行，更看到了同一种颜色的流动——苍老的暗红色。谈到石雕造像的服饰，离不开印度早期的两个流派；犍陀罗与马土腊风格。犍陀罗艺术主要指印度西北部地区，由于历史的原因，这种艺术深受希腊雕塑的影响，表现为头发呈波浪形，人物表情严肃，鼻高眼深，唇较薄，体形健壮，肌肉发达，袈裟肥大厚重，衣纹流畅，总之有一股希腊古典艺术之美。

而马土腊位于北印度，在现在的德里旁，由于耆那教在这里较早出现，因此在贵霜人到达之前它已是当地的一个宗教中心。在耆那教的影响下，马土腊雕像较多地保留了印度本土的特色，造像有整齐的螺发，面庞饱满，眼帘低垂，下唇较厚，颈部带三道折痕，袈裟薄如蝉翼，紧贴身躯，双肩宽阔，肌肉隐现，并带有头光。这两种风格的造像产生于公元1世纪贵霜王朝，在以后的时间里发展着并相互交融，到公元4世纪笈多王朝时，犍式这种带有希腊艺术风格的造像影响力逐渐减少，笈多造像更多地反映出了马土腊风格的特征。此时佛教在印度盛极一时，并影响到周边地区，以至中原高僧先后在这一时期到印度取经求法。在北半球亚热带这一广阔的纬线上，笈多时代的造像艺术流传到什么地方去了呢？我们今天唯一发现他们的地方就在大理的群山之中，从岐岍图山造像到剑川的石宝山石窟，再到昆明古幢公园的石经幢，我们看到的是一组大型红砂石的石雕像。他们没有犍式水波一样的头发，没有凝重的表情，没有雄健的身躯，

早期犍陀罗风格的佛陀坐像

耆那教圣者戈默代湿沃罗·巴胡巴里雕像

早期马土腊特色的佛陀立像

公元5世纪的佛陀坐像

也没有用厚重的衣物包裹全身，而是较好地表现出了笈多风格的肉感，突出一种装饰的效果，他们的形象多是圆脸、螺发，双目低垂，嘴唇较厚，颈部三折，面带慈祥微笑，袈裟薄透贴体，反衬出胸腹之力，“U”形的衣纹舒展流畅。这时中原刚结束两晋而跨入了南北朝时期，在佛教的熏陶下，中原造像更多地体现出了南朝名士带有的汉风——面相清瘦，细眉大眼，鼻挺唇薄，双肩消瘦，四肢修长，重领广袖，衣纹疏朗，这种汉风被称为“秀骨清像”（宽袍大袖，看不到造像的胸腹肌肉）。“秀骨清像”与大理笈多风格的造像大致出现在同一时期，但两者的特征却泾渭分明，各不相同。

马土腊的雕塑采用希克里周边山上的石头，一种带有白色斑点的红砂石，这与印度北部犍陀罗造像使用的青灰色岩石完全不同，而在遥远的大理，多数石雕造像都选用当地常见的红砂石，在北半球亚热带这一广阔的纬线上，为什么两地都选用同一种石材来雕刻？表达信仰？这是巧合吗？是没有其他石材了吗？都不是。从名称上就可看出，大理肯定大理石多于红砂石，而且大理石即坚硬又光滑，但偏偏选用粗糙松脆的红砂石来造像，唯一的理由就是佛教传播中使造像真正地体现出“原汁原味”。今天这种现象称为“传承有序”，如当今对元明陶瓷的仿造一样，你能学会当时的画风，配出相同的釉水，但最好也能找到“高岭土”，做出相同的胎骨，这才是学习、仿造的最高水平。大理地区的石雕造像使用与印度一样的红砂石，也是一样的道理。不创改，尽量保持造像的一致性及特征，让神圣的造像带有最传统的本色，这就是佛教早期传入大理的重要特点。红砂石造像体现出的温暖热烈，让两地的信众在他乡见到他们都会由衷地感到亲切、自然及神圣。

大理剑川石宝山石窟

原昆明古幢公园内的大理国红砂石经幢

经幢局部金刚宝菩萨

剑川石宝山石窟第6窟释迦佛坐像

南北朝时期的“秀骨清像”

印度马土腊雕像用的红砂石

印度北部犍陀罗雕像多用青灰色岩石

在印度早期的佛教造像中，除了石、木以外，还有一种金属锤揲像，它是将薄金属片放在突出的模具上，用硬木锤打出形状后，再用刀斧凿刻出来的艺术品，这种工艺沿波斯湾传到印度后，即刻成为印度佛像制造的一个品种。由于锤揲工艺相对简单，锤出的像轻巧又便于携带，因此这种工艺及造像传播较广。大理较早的锤揲像出现于公元4世纪前后，饰片为青铜，内为一佛二菩萨像，此锤揲类一佛二菩萨的铸像题材在大理三塔早期造像中也有发现。从造像的面相、衣纹、莲花座及罗马柱的边框等一系列表现看，应为早期佛教初传时的作品，带有一股浓重的西亚风味。其底部正中的铆孔说明此像是佛龛上残存的饰物。中原北魏至北齐的石雕上也有立柱的出现，此饰片比美国、日本等地收藏的隋代锤揲像的风格要早得多。为纯金锤揲弥勒像，带舟形背光，赤足踏于莲花之上，“U”形衣纹，以其小巧的特征看应为摆放在佛龛之中的珍贵造像。另外两片锤揲像时代约在7~8世纪，阴刻佛说法图，两片均为长条薄片的舟形。这三片锤揲像并未在像的边沿凿孔，而是在像的正面底部凿一铆眼，便于与佛龛等器物的连接，这是与其他锤揲像工艺不同的地方。在大理三塔中也发现了薄金属刻像铜片，1978年维修三塔时在千寻塔内找到六片，弘圣寺塔找到一片，共七片。其中千寻塔发现的六片是三片刻字，三片刻像。刻像的金饰片上阴刻一佛二菩萨像，银饰片上阴刻阿弥陀佛像，铜饰片上刻佛说法图，这些刻像金属片均边缘带孔，也应是嵌于佛龛或器物之上，三塔发现的这批薄金属刻像（字）铜片年代都定在了大理国时期。在北半球亚热带这一广阔的纬线上，锤揲之声像一串风铃由西向东敲响，不绝于耳。从西亚、印度、大理至日本（飞鸟时代）、朝鲜（高丽时代）这一地区，都锤打出了许多精美的片状佛教金属像。大理的锤揲佛像仅是其金属造像中的一朵浪花，它的意义除了它本身带有的宗教内涵外，更重要的是告诉今天的人佛教传播的线路及方向以及经过的地点，让我们看到佛教在传播中留下的痕迹；1600多年前大理的佛就以这样的形象出现在苍洱之间。

一佛二侍锤揲饰片　南北朝　青铜　高9.8厘米，宽9厘米

早期阿弥陀佛贴金铜像

日本及美国收藏的隋代铜鎏金锤揲饰片

弥勒佛坐像 南诏 纯金 高4.6厘米

佛说法铜鎏金锤揲饰片　南诏　铜鎏金　高14.6厘米，宽11.5厘米

佛说法会锤揲饰片　南诏初　铜鎏金　高15厘米，宽9.8厘米

鎏金释迦佛铜龛像　高19.2厘米

大理国刻佛金饰片

大理国刻佛银饰片

大理国刻佛铜饰片

观音坐像　明　云南夹纻像　高35厘米

在后笈多时代，印度佛教兴起了对女性及生殖的崇拜，这一股新的偶像崇拜之风，毫无悬念地吹到了大理，直至明清之时，大理对观音的崇拜仍未消退。印度巽伽时代，蛇神与药叉女就渗入了佛教艺术之中，这些代表生殖的蛇与丰产的药叉女在崇尚裸体、肉感的马土腊审美艺术中得到了充分的展现，在笈多时期，药叉女蜕变为菩萨。特别是到了公元7世纪后，佛教在印度教的围堵中走向衰落，此时印度教广泛宣扬女性是宇宙的主宰，生殖崇拜更为昌盛，菩萨等女性雕像数量大增，成批地出现在北印度的建筑及群山之中。在北半球亚热带这一广阔的纬线上，大理地区因受佛教密宗的影响最深，肯定是最狂热的追风者！从许多资料上都可看到，此时大理的梵僧都变换成了各类观音。到宋代时对母性的推崇达到了顶峰，阿嵯耶观音由男相变为了女相，尊胜佛母的地位也得到极大地提高，宋、元墓碑上佛母取代了早期佛的位置，阿嵯耶观音与尊胜佛顶大佛母共同成为大理国阴阳两界的最大神；在石宝山上巨大的阿央白雕刻于石壁之上，与佛、菩萨一道接受民众的跪拜。

这一切，都是为了说明在这一条纬线上，佛教文化的传播是这样的紧密、及时、雷同，两地之间一系列的佛教文化惊人地相似，这样的相似在佛教东传中

鹿野苑佛教博物馆中的药叉女

卡季拉豪神庙中的药叉女

极其罕见。是什么东西使大理在一些文化习俗及佛教造像的材质、造像的风格特征包括神祇崇拜三个重要方面与印度佛教有这样多的相似呢？是蜀身毒道。如果没有这条伟大通道的开通，整个东方世界还将在巫教与无知的氛围中多生活若干年。在佛教东传的道路上，大理是一个重要的驿站，它承上启下，留下了佛教传播中关于造像的艺术的许多早期特征，佛教传播中的一个重要现象是：其古塔、雕刻、塑像、绘画等大量的一系列的佛教建筑、文化艺术相继出现，这些佛教艺术代表着信徒的精神憧憬，寄托着信徒虔诚、神圣的宗教思想。点点滴滴的事实证明，没有哪一个地方的造像风格还保留着与印度密宗这样多的共同点。这反映出了一个正常的化学现象，离传播点越近，吸收的味道就越多，熏陶得越深，消散就越慢。今天世界各地能统一流行一种品牌的服装、手机，靠的是声、光、电等科学技术，而在遥远的过去，佛教东传靠的只有一样——蜀身毒道。佛教经蜀身毒道传到了云南，他的种子沿着金沙江向东流去，出攀枝花后随着滔滔长江传播向遥远的东方。一条崇山中的古道，一条涛涛不尽的江水，由西向东，这就是印度佛教东传中最早最重要的事实。

过去，大家都认为自西汉初年佛教由印度传入中原，经过长期的传教、经书翻译、讲经说法，并与内地的传统文化相融合后，在魏晋时代形成了“汉传佛教”。汉传佛教往东传到朝鲜、日本，向南传到四川、云南，这个时间大约是在唐朝中后期。今天许多资料及实物显示，汉传佛教进入云南之前的漫长岁月里，印度佛教凭山水相依的优势，早已在云南生根发芽。过去那种佛教在公元七世纪前后传入云南的说法，其实质不是“传入”，而是“确立”。佛教的传入应该是从云南的“蜀身毒道”“灵关道”“黔中道”传入四川、贵州等地，再沿长江传播至中下游地区。这一时期的佛教在与长江中下游各地宗教的交融中，对这些地方的宗教进行了“佛化”，并吸收了一些中原儒家思想后，又通过这几条古道返回云南。南诏之初，佛教在云南即已显山露水，于两宋而隆盛，但这应该是佛教在传播中的“回流现象”，是佛教在传播中的交流，或称为“反哺现象”，而非真正意义上的传入。这种各地“巫教”因地制宜和佛教交流并被佛教“佛化”的过程，理应是对佛教文化的发展，这种“交流”从印度佛教“传出”的时候起，一刻也没有停止过。佛教的“传出”和“传入”，是同时的、双向的，文化的传播是多元化的，因此佛教发展到今天所具有的完善体系，应是所有佛教徒的贡献，而非创立者所独有。

从以上分析可以看出，我国佛教源于印度，始于云南。多年佛教文化的熏陶，让云南大理的佛教发展根深叶茂，永目山、鸡足山、石宝山等一系列名山胜迹，使大理成为佛教东传的重要渠道。

大理佛教传入的路线，归结起来大致有三条道路：一条是“蜀身毒道”，古印度称“天竺”，故也称“天竺道”。从小范围上讲是四川、云南至印度的通道，这是一条由西南先民开发的国际商道，汉代以后四川及内地的史书将这条道称为“蜀身毒道”。它的开通不仅早于北方丝绸之路，而且还是佛教最早传入我国的重要途径。据昆明市委宣传部、昆明文产办编著的《昆明三万年》一书记载“古西南丝绸之路在公元前四世纪或前十一世纪就已形成，这条古道把中国和印度两大文明古国联系在一起”。“佛祖西来”及“佛教东传”的提法，说明了佛教由西向东传播的过程，这条古道的形成，其重要原因无不是跟云南的地理、气候及丰富的动植物资源有关。云南河流的通道所形成流向平原的山口、隘口正是以后社会发展贸易、文化交流的重要通道。“蜀身毒道”开辟最早，时间最长，对云南佛教的影响最大，而为人们所知较晚。“蜀身毒道”从成都出发，分两路南下，一路过雅安、西昌、会理至大理，称为“灵关道”；另一条从成都过乐山、宜宾、昭通、曲靖、昆明、楚雄至大理，称为“五尺道”。“灵关道”和“五尺道”在大理交汇合并为一条后，由大理至永平、过澜沧、博南山一段称“博南古道”，再从保山至腾冲，然后出境到缅甸一段称为“永昌道”。

蜀身毒道的出现，使大理地区与印度的贸易在汉代以前的若干年前就已存在。大理地区的僧人占有天时地利之便到天竺求法巡礼，这就使佛教得到较早的传入。佛教通过古道传入大理，使大理地区的巫文化也因古道而更加丰富，造成当地宗教信仰的复杂性、多元性、地方性。汉王朝在东汉建武年间征服了洱海

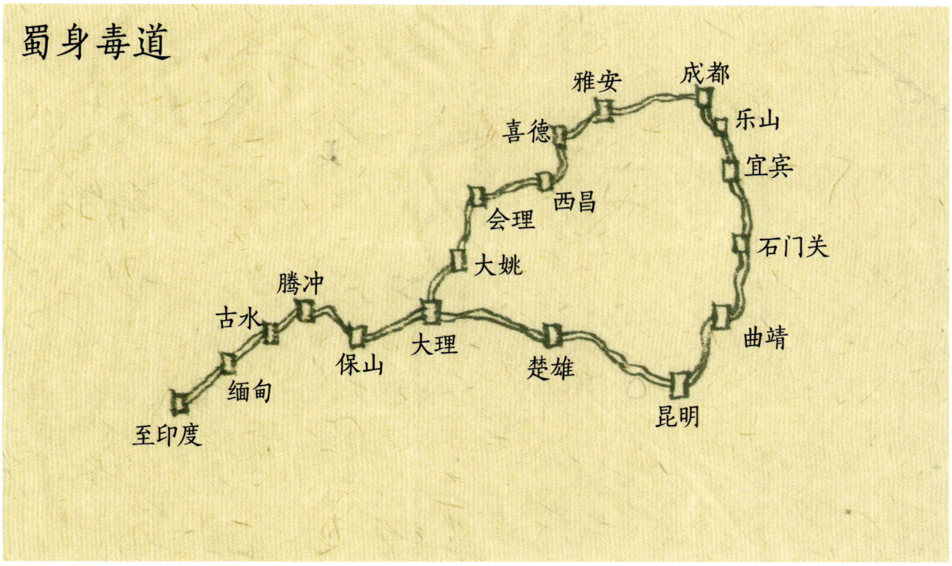

蜀身毒道路线简图

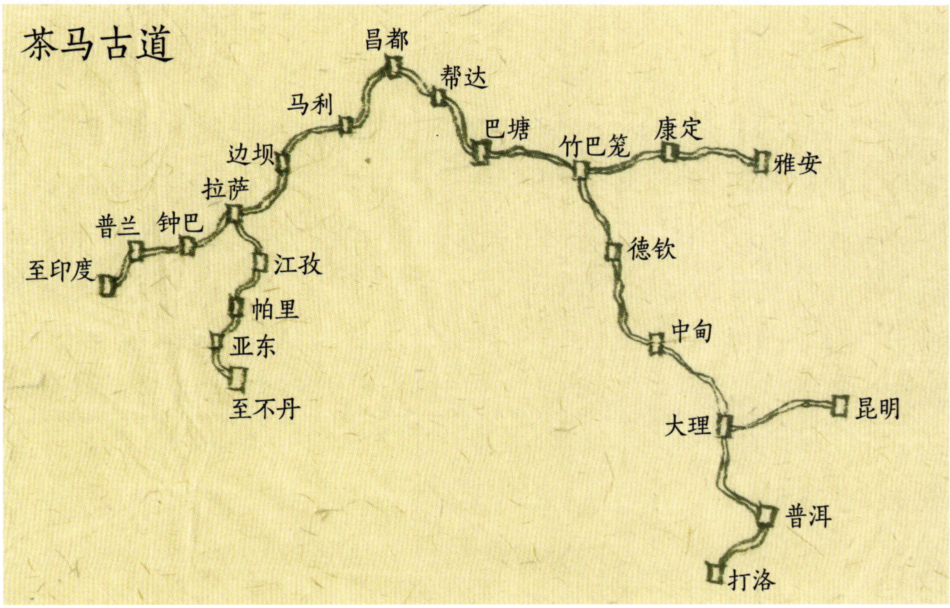

茶马古道路线简图

地区，继而西征了哀牢民族，这样的结局向东大大延伸了蜀身毒道的距离，蜀身毒道的东延，使佛教的交流和传播的范围更加扩大。同时也加强了中原与印度、西亚的交流。因此，从大范围上讲，“蜀身毒道”也是东汉中原至印度的通道。

另一条是“茶马古道”，也称为“吐蕃道”，公元7世纪初，松赞干布先后兼并了西藏诸部，统一了全境，建立起吐蕃王朝。他毅然排除各种阻力，将佛教引入吐蕃。并派人从印度等地迎请僧人，命人翻译了《宝云经》等二十一部经卷，佛教在与当地本教相融合后形成了“藏密”。而此时正是南诏崛起之时，南诏的西北部与吐蕃相连又是藏族聚居的区域，故吐蕃与南诏关系密切，“藏密”也随之进入云南。由此道传入的佛教藏密时间较晚，而且属于“内传”，但它和大理本土阿吒力教同根同源，相辅相成，融合比较密切。

茶马古道由拉萨经芒康、昌都进入德钦、中甸到达大理，商品主要有茶叶、蕃马、丝绸、布匹、羊毛、皮张等，唐代以后，这条商贸通道由于茶叶的运输延伸至滇南的普洱、西双版纳一带。茶马古道自拉萨向西经江孜、亚东出境，延伸入不丹、印度直到西亚、西非红海岸。

对云南而言，佛教的传入途径除了上述两条通道外，还有一条由印度向东南斯里兰卡、泰国、缅甸扩散而传入云南的南部及西南部傣族地区的通道，这条通道传入的佛教称为“南传上座部”佛教。西双版纳勐海大佛寺遗址就是南传上座部佛教传入的重要建筑，该寺建于“祖腊历十三年（公元651年），三十三年落成（公元671年），毁于薄甘的入侵。”景谷芒朵佛寺内保留的佛脚、佛手印也是南传佛教传入云南的遗物。

印度佛教在向云南传播的过程中，三条通道都起了重要的作用。上述对佛教传入传出的通道说得过于复杂，实际上大理的通道从山川地势及江河走向看就那么两条，一条顺着江水由西向东，另一条沿着山脉由北向南，像一个十字，大理就站在这个十字的交汇点上。能否将成都至大理的“灵关道”、贵州到大理的“五尺道”及大理至印度的“天竺道”“永昌道”合称为由东向西的“蜀身毒道”；另一条由尼泊尔、西藏至大理的“吐蕃道”，甘肃、青海、四川到大理及大理于景洪、缅甸等地由北向南的通道合称为南北“茶马古道”。

处于十字交汇中心的大理在文化方面也受到汉、藏、西亚、东南亚四面宗教文化的影响，这种来自不同方向不同文化的交流，促进了大理经济的发展和文化的开放和多样性，以至到南诏大理国时期，大理已成为云南的政治经济文化中心，同时不同来源及类型的宗教文化在这里停留、与本地巫教整合而产生了带有本地特色的阿吒力教及承载多元宗教文化色彩的大理佛。使大理也成为西南地区佛教文化传播的中心。今天在云南的丽江、保山、大理、楚雄、禄丰等地都出土了带有梵文的瓦片碑文。梵文的出现说明印度密宗已在这一地区生根发芽，如果没有梵文的秘咒，就失去了密宗的真言和陀罗尼，大理后期的阿吒力教就不可能形成。

“蜀身毒道”及“茶马古道”等多条通道的开通，使各民族互通有无，“山间铃响马帮来”，古道上繁忙的马帮将各地不同的物品及习俗往来交流，同时古道也为南来北往的僧侣传播佛教带来了方便。佛教僧侣在宗教交流的过程中也把佛教思想、教理撒播在西南古道沿途各地，同时也将佛教通过大理这一“驿站”向东传播。

阿吒力教的兴衰

阿吒力教的形成

佛教有显密两宗。密宗是大乘佛教后期融合了婆罗门教、瑜伽理义的一个带有修行方法、仪轨、理义、咒术的佛教宗派。“显宗是释迦牟尼（应身佛）所说的种种经典；密宗是毗卢遮那佛直接所传的秘奥大法。显宗主张公开传教弘法，教人修身近佛，修慧行善成正果。密宗又分金刚界和胎藏界，注重三密（身口意），以求自身成佛。显宗要人悟道，密宗要人修持。显宗典籍主要是经、律、论、戒；密宗除此之外，更有颂、赞、法、咒、仪轨、瑜伽、契印等。显宗有行、住、坐、卧四种成仪，密宗除此之外，尚需‘观想’。学显宗，‘若能真正般若观照，一刹那间，妄念俱灭，若识自性，一语即至佛地’。学密宗，必须随师传授，遵守严格仪轨。从初皈灌顶到金刚上师，都有一定的修习程序。这是显密两宗的不同之处”。

云南是人类发源地之一，考古资料证明一百七十万年以前的元谋人就开始用火，火的使用便产生了巫术。古人认为：火即神，而神即巫术，因而巫术是一种原始宗教现象。因此，早在一百七十万年前左右的原始洪荒时代，云南就萌芽了原始人的宗教观。洪荒时代的原始族群，因生存需要逐水草而居，循野兽、觅野果的分布踪迹而不断地迁徙。这种族群的迁徙受到各种地理及气候等诸多因素的影响，有时迁徙数千里。随着谋生手段的发展，驯养、种植的扩大，便会在某地定居下来，形成各地人群的祖先。云南素有“动物王国”，“植物王国”的美称，而这种生态的多样性，是人类逐食的有利因素，也是促使原始族群迁徙的重要原因。迁徙的通道，巫术早期的存在，为佛教的传入奠定了基础。

从宗教发展的时间表来看，原始宗教发展成为人为宗教经历了一个漫长的历史过程。从洪荒时代的元谋人到公元前280年楚将庄蹻入滇，宗教都在发展和变化着。宗教和社会的发展，相互影响，以致成为社会生产力的一部分。原始宗教是落后分散部落族群的产物，对维持部落族群社会起到了积极作用。但部落族群发展成统一的政权后，这种多形式的原始的宗教便成为社会发展的阻力。这种生产力和生产关系互相推动，制约的法则在宗教上便显现出来了。统一的社会必然要推崇出适应本土社会政治和经济需要的“本土宗教”，这也成为佛教得以在大理地区确立的社会原因。

据樊绰《蛮书》《南诏图传·文字卷》《僰古通记浅述》《龙关赵氏族谱》《记古滇说》《滇释记》等众多史料记载，早在细奴逻称王之前（公元649年），圣人“梵僧”就进入洱海地区传播佛教。《巍山起因》中就记载了梵僧授记细奴逻的故事。在梵僧初入洱海传播布佛教之时，曾受到当地土著居民的强烈抵制，大姓势力对梵僧进行了凌辱和迫害。梵僧忍受了当地土著居民的种种伤害，并显示出多种异形，终于使当地民众归心伏罪，熔化圣物铜鼓来铸梵僧幻化的圣像——阿嵯耶观音。至今在大理洱海一带“观音七化”的故事仍在流传，也说明佛教梵僧经过了与土著民族及文化激烈冲突和碰撞之后才被接纳。《南诏画卷》曾表现了这一异国文化从冲突到兼容的过程。云南的地方文献和民间传说记载了大量有关梵僧的事迹。他们的形象也以石雕、木雕、绘画、金属铸像等艺术方式得以表现。梵僧“以一杖、一钵盂随身，深入民间，长于拓植”，表面上是佛教征服了巫术，梵僧战胜了巫师，但并不是将其消灭，最终以双方的互相妥协、容忍，彼此吸收观念、神祇为结局，这一时期的佛教与当地巫教在交融中对其进行了“佛化”，使大理的佛教勃兴达到顶峰，各地以佛教为主广建寺塔、精铸佛像法器，开凿石窟，信徒遍及社会各阶层。阿吒力教的形成，不是佛教与本土巫教孰强孰弱的问题，而是统治阶级选择后做出的决策。由于各地巫师民众的信仰有别，严重地阻碍着洱海地区信仰一体化的过程。就统治者而言，需要有一种新型的宗教来打破这种在信仰上的分裂状态，冲破原来以血缘为纽带的部落社会，但既不能全盘搬用外来的佛教，也不能继续发展群龙无首的本土巫教，统治者将两者融合改造后，又吸收了部分中原儒道两家的思想，推出一个适合统治阶级、民众接收的佛教新宗派——阿吒力教。

阿吒力教的出现，在洱海地区确立了佛教的社会地位，并以梵僧授记细奴逻、观音七化等传说，向民众灌输阿吒力教的合法性及其统治的君权佛授论。在宣传组织过程中始终坚持“不依国主，则法事难立”的指导思想，借助王室和大姓的力量，经印度僧人及当地巫师的广泛传播，终于使阿吒力教成为南诏民众与王室的共同信仰，并随着南诏疆域的扩大、大姓氏族的分封而传播到其他地区（包括滇池地区）。

佛教在洱海地区长期发展，并在南诏时期演化为阿吒力教后，在云南站稳了脚跟，发扬光大。阿吒力教得以壮大，与佛教具有极大限度的宽容性有关。佛教的教义、教理在长期发展中顺应了各人种、各民族、各教派的特点和需求，起到包容、同化、方便众生、使众生乐于认同，易于接受的功能。尽管如此，大千世界，芸芸众生，“慧根”各异，不可能用一种佛教形式、一个法度去规范信徒的修为，由此而产生古代佛教不同于现代佛教、中国乃至世界各国的佛教不同于印度本土的佛教。就拿云南来说，滇池、洱海地区的佛教又与滇西北、滇西南地区的佛教不尽相同。由此说明，佛教发展的过程就是佛教世俗化、众生化的过程。

南诏丰祐时期阿吒力教在洱海地区达到了极盛。在大理，从南诏国王拜梵僧赞陀崛多为国师开始，历代国君都拜请有德梵僧及阿吒力高僧为师，这使大乘显教始终未能真正进入大理地区，广大百姓接收的是大乘密教与本土巫术相结合的、具有独特魅力的阿吒力教。阿吒力教形成的时间最迟应在八世纪中期，从大理地区成熟的中期铸像阿嵯耶观音、大黑天、梵僧、国王像身上强烈地反映出这一信息。

阿吒力教的特点

“阿吒力”原是印度瑜伽修炼的秘密法门，梵语Acrya的译音，也有翻译为“阿阇黎”、“阿吒利”等。大理地区的阿吒力教是一个以外来的印度佛教为基础，吸收土著居民的巫教、融合了白蛮大族的一些中原儒道文化而形成的佛教密宗，带有鲜明的地方及民族特色。认识阿吒力教的特点，有助于解释理解大理地区铸像种类及风格的相关问题。阿吒力教的主要特点：

1.王室的倡导与支持，促使阿吒力教的形成与发展。

“梵僧点化细奴逻”、“观音七化”等故事，确立了其在大理地区宗教的主导地位，反过来阿吒力教又以“君权神定”的教规，为王室统治的合法性铺平了道路。在组织宣传过程中，阿吒力教坚持“不依国主，则法事难立”的指导思想，与上层社会紧密联系，为其发展奠定了基础，阿吒力教与南诏王室的利益是相辅相成的，其主要特点是阿吒力教表现了对王权政治的最大热衷，直接效命于现实的王权政治。

2.在传播及信仰中带有极强的包容和实用性。

印度密宗传入初期在具体内容上是十分注意结合当地实际的，在传教内容中采取吸收和改造的方法，而不是一味地“唯我独尊”。首先是密宗盛行咒术秘法，祈福禳灾，这与本地的巫师作法十分相近。密宗利用这个共性在传播中不断地吸收巫师的神祇、咒术和仪轨，运用诵咒祈禳的秘术，迎合土著民族的需要，把印度神祇与巫师相融合的典型例子，就是将印度的“毗湿奴”变成了洱海地区的保护神“阿嵯耶观音”并为万众所仰。密宗对巫师的适应，使自己白

大理本主雕像 明　髹漆木雕　高58厘米

《张胜温画卷》龙王像

族化的同时，也促进了巫师向本主崇拜的转变，这使阿吒力教极为现实，注重现世的一切祸福，这种现实的态度，使阿吒力教在对神祇的信仰上呈现多样化，并产生了许多特殊的雕像。有的一个村落信仰几个神祇，也有几个村落崇拜同一神祇。崇拜的神祇由阿吒力僧确定并命名，这些神祇形象并不高大，但老幼皆识，民众敬而不畏。反过来民众对阿嵯耶、大黑天及本主的崇拜祈求也并不都是为了成佛，而是祈求风调雨顺、六畜兴旺，更主要的目的是为了消灾免难，故白族民间泛称本主为“五百亨”，意即“至尊的保护神”。释迦牟尼在公元前六世纪创立了佛教，而孔子、老子也在同一时期创立了儒家、道家思想。他们都属于同一时代的人，当时处于正法时期，世界上圣人辈出。大理是个土著民族杂居之地，无圣人规矩方圆，故统治者利用地理上的便利，在本土巫教的基础上，向西方的圣人学习佛法，向东边的思想家学习儒、道文化，在吸收王室及大姓子弟加入阿吒力教的同时，也将儒、释、道的“行、孝、慈、悲、礼、义、廉、耻”等思想融入了密宗。在大理“儒、释、道”三教的神祇被共同膜拜，这是阿吒力教包容和适应性的重要事实，也是佛教传播中世俗化的特色，这样的特色影响到佛教铸像，使一些铸像的艺术风格东西兼容，容貌和蔼可亲。

大理民间儒释道三教神祇

3.阿吒力教须认师灌顶，修炼秘密，注重仪轨，提倡修身。

修研阿吒力需认师灌顶，灌顶是古代印度帝王即位的一种形式，佛教传入大理后，阿吒力僧仿效运用，由有德僧人在曼陀罗前向受灌者头上洒圣水，受灌者向“三宝”发誓，并选择一尊本尊观想，在前辈高僧的管理下，开始修炼法术，学习秘咒。修炼一段时间后修持人会在神气和德行上得到提高，才能采用仪轨奇法，秘咒异术解决现世中的难题。

念咒是密宗的基本特点，咒语也叫“陀罗尼”，咒语有十多种功能，可证法身、报身、化身、菩提身，最终达到脱离六道，解脱成佛。这同佛教净土宗的“南无阿弥陀佛”如出一辙。如昆明的一些商铺在经营时播放《陀罗尼大悲咒》，目的是消除孽障，祈祷生意顺畅。

阿吒力教修持注重仪轨。显密两教最大的区别在于前者注重修心，后者注重修身。修心提高内省，用改变心性（内因）来变革客观外界（外因），而密教则在修好身后用仪轨来推动和改变客观世界。

由于阿吒力教其特殊的修持仪轨，使其更能深入民间。阿吒力僧不住寺院，大多在家修行并可结婚生子（日本僧侣类似），传承方式采取以家庭为单位，父传子，子传孙，子孙相袭。家族实行“连名制”。在家修行，就必须接触社会，解决衣食住行；结婚生子就将考虑抚养教育、生老病死等问题（这与显宗及其他宗派在深山寺庙中修行的体会大不一样），这更能让阿吒力僧了解民间生活的疾苦。在日常社会活动中，阿吒力僧用其法力在民间“普度众生”，团结民众，行善除恶，渐为民众赏识，由怀疑到笃信，得到广泛认可。在南诏国难当头，两军对阵之时，阿吒力僧搬兵布阵，施法杀敌，在精神上使南诏将士感到神的庇护，深得将士及王室的尊崇。阿吒力高僧被南诏王及大理国王拜为国师，这与藏传密宗的“政教合一”不同，南诏实行“政教分离”，国师不从政，但必须辅佐朝政，南诏王及大理国王都十分尊重国师，君王即是虔诚的佛教信仰者，也是积极的倡导者。

4.崇尚火葬。

阿吒力教认为人是由“地水风火”四大元素组成。大地是众生赖以生存的根基，人死后将尸骨埋在地下会腐烂变质，污染河流，所以阿吒力教徒死后均实行火葬。“人死则置于中堂，请阿吒力僧遍咒之，三日焚于野，取其骨，贴以金箔，出梵咒其上，以瓷瓶盛而瘗之”。“地水风火，长乐我净”是信仰者的基本信条，此言多刻于墓碑之上。在众多的火葬墓碑幢上，有的也载有密宗传入洱海区域的史料。《故考大阿拶哩段公墓志铭》说：“观音大士自乾竺来，开化此方，流传密印，译咒翻经，以上阴翊王度，下以福佑人民”。大理地区普遍的火葬习俗，是一种较为明显受印度佛教影响的文化现象。

阿吒力教的兴盛

南诏统一后，佛教密宗在洱海地区成为了共同的信仰，密宗僧人均受到洱海地区新贵的青睐和尊重。王子继位或登基要由密宗高僧为其灌顶。到南诏王劝丰佑时期，更是大兴佛法，请高僧给“三公群臣”说法讲经。“丰佑的母亲出家为尼，其妹越英公主则嫁给天竺僧人赞陀倔多。丰佑还颁布法令，谕民虔敬三宝，每户供佛一堂”；“开成七年，嵯巅建大理崇圣寺，基方七里，圣僧李贤者定立了三塔，铸佛一万一千四百，铜四万五百五十斤，自保和十年（838年）至天启元年（840年）始完”；“蒙世隆则建大寺八百，小寺三千，遍于云南境内，家知户到，皆以敬佛为首务”；“清平官（相当宰相）郑买嗣铸佛万尊供于庙堂之中”；“到南诏王隆舜时，王室崇佛已蔚然成风，隆舜以‘嵯耶’为年号，封‘摩珂罗嵯’，以纯金铸阿嵯耶观音像，黄金八百两铸文殊、普贤二像，敬于崇圣寺。另铸观音108尊，敬诸里巷，使民敬奉”；“末代南诏王舜化贞，对佛教虔心信奉，亲自带领完成《南诏图传》，把王室对佛教密宗的信仰追溯到南诏时期。”

“大理国时期，大理国王段思平岁岁建寺，铸佛逾万尊。段氏还把阿嵯耶观音像视为家族的保护神，将其称为“建国观音”，“真身观音”并大量铸造阿嵯耶观音像”。大理国22位国王之中，有8位避位为僧。王室对阿吒力僧十分推崇，将诸多的有德高僧封赐为“国师”，各级官吏悉从阿吒力僧中选拔，“设科选士，皆出此辈”。由于王室的大力倡导，阿吒力僧积极传教，吸收信徒，阿吒力教在南诏大理国时期迅速传播开来，达到全盛，带动了相关联的寺庙佛塔建筑，石窟雕刻，青铜铸像，写经释佛等宗教艺术的发展，造就了云南众多的佛教铸像。洱海地区出现了“无山不寺，无寺不僧”的盛况。举国供佛，被后人称为“苍山与洱水，佛教之齐鲁”。

在佛教传播及造像方面，阿吒力教在南诏中期又受到吐蕃密宗的影响，使其铸像更加丰富。据《南诏野史》等史书记载，天宝十年（公元751年），唐王令鲜于仲通率兵八万向南诏进攻，南诏王室在求和无望的前提下，南诏王阁罗凤派其兄弟阁陂和尚前往吐蕃搬兵。在吐蕃军队的援助下，大败唐军。天宝十三年（公元754年），唐王朝又派兵十万，命李宓率军两次进攻南诏，结果又遭到南诏和吐蕃的合击，李宓阵亡，全军覆没。“天宝战争后，南诏王室公开臣服吐蕃四十余年。南诏王阁罗凤被吐蕃册封为‘赞普钟南国大诏’，号‘东帝’”。在这40年的过程中，吐蕃与南诏交往密切，尤其是赤松德赞在位期间，吐蕃及尼泊尔的僧人、喇嘛将早期藏密的许多仪轨、铸像也带到了大理，融入了阿吒力教中。这让阿吒力教在发展的过程中得以补充完善丰富其仪轨及铸像等密宗的内容，使南诏后期的阿吒力教得以继续兴盛，使在吐蕃被灭的藏族“前弘期”佛教及铸像风格，在南诏得到了部分保存和发展（特别是以云南迪庆、丽江等地为中心）。但阿吒力教义中并没有藏密的性力崇拜、男女双修之类的秘法。阿吒力教中受藏传影响最明显的神祇就是从尼泊尔传入吐蕃后由喇嘛带入南诏并被洱海民众崇拜的保护神——大黑天。尼泊尔的神庙中至今都供奉着许多古老的大黑天神，这在印度的博物馆及庙堂之中不曾见过。

阿吒力教在云南佛教史上影响甚大，它随着南诏的崛起而崛起，随着南诏的统一而成为云南西南地区最大的教派，是唐宋时期云南佛教的主体。在阿吒力教兴盛时期，大理工匠在造像中已让一些造像的面容明显带有当地白族人的特征。阿吒力教形成之时，便是云南佛教佛化完成之日。

尼泊尔神庙中供奉的大黑天神

带有白族人特征的阿吒力教造像

阿吒力教的衰落

大理国的灭亡导致了阿吒力教的衰落。元宪宗三年（公元1252年），忽必烈攻下大理，宣布了大理国的灭亡，自此统治云南达500多年的南诏大理国地方政权结束了，阿吒力教所依附的上层政治势力从根本上遭到打击，动摇了阿吒力教“不依国主，则法事难立”的指导思想。但由于元朝统治者与西藏上层社会关系密切，宗教文化相互影响较深，故对大理地区的阿吒力教采取了相对柔和的态度，阿吒力教的护法神祇大黑天还得到元蒙王朝的认可，并一直流传至清代。

到明太祖洪武十五年（公元1382年），明朝军队攻破大理古城，大理总管段明及数百名阿吒力教僧人包括大僧侣、大巫师被械送南京关押。鉴于阿吒力僧人与段氏总管一度抵抗明军的教训，明太祖曾下令严禁阿吒力教的传播，但对白族民间阿吒力教“土俗奉之，视为土教”的现实，亦不得不改变策略，进行诱引，在云南布政使司的各级地方府衙中设立阿吒力僧纲司加以管理。为稳定明朝在云南的统治，分化云南宗教势力的影响，明政府对云南实行了大规模的移民，移入汉族人口约100多万人，相当于当时云南人口的总和。移民的大量迁入，也将内地汉族的宗教文化带入了云南，北传佛教的禅宗、净土宗等宗教宗派开始从台后走到台前，公开在大理地区传播，大量的密宗寺庙被显宗僧侣占用，很多僧人显密双修，阿吒力教受到巨大的冲击。这是中原文化对大理地区民族文化最直接、最彻底的溶入。

“清代康熙二十年（公元1681年）平息了吴三桂之乱后，清政府下令禁止阿吒力教，称阿吒力教非释非道，其术足以动众，其说足以惑人，此固盛世之乱民，王法所必禁者也，删之何疑？”将各级府衙中的阿吒力僧纲司撤销，严禁阿吒力教的传播。阿吒力教彻底失去了“国主”的庇护，从此衰落一蹶不振。在山村民间，虽阿吒力教仍有信仰，但信仰的诸神也已支离破碎，仅剩下了以本主为代表的观音、财神，其密宗教义也日益世俗化，仅追求现世的祸福，不问来生是非，僧人终日忙于为自己家人、信徒消灾免难，不注重自身的修持，不知怎样仪轨、灌顶及观想。工匠对铸像所表达的主题陌生，铸出的佛像多数表情空漠，概念化、公式化，妙香佛国鲜活的佛教艺术从此烟消云散。

阿吒力教石雕造像

阿吒力教石雕造像

大理地区佛教造像的产生

印度佛教造像

在宗教的传播过程中，如果没有铸像及绘画，也许人们早就把枯燥的教义忘掉了，没有线条和形体的帮助，信徒们（特别是密宗）的观想、思想的升华是难以取得成就的。大理佛教的发展过程，与宗教传播有着密切的关系。大理最初的造像应该是工匠根据传入的参照物（绝不是空想而来），加之对宗教的虔诚而激发的动力创作出来的。参照物的来源，必须追溯到古印度佛像的产生。

早期的佛陀是没有形体的，是智慧教义的象征，因为佛陀已入涅槃，解脱了轮回，故不能以人或神形出现，直到贵霜王朝（约公元1世纪），这时由于早期佛教即上座部佛教正向大乘佛教转变，新的佛教氛围需要一个偶像，此时，外来的希腊和罗马艺术中的“拟人化”传统也传入了贵霜帝国，于是在相互交流中逐渐形成了希腊化的早期佛像雕刻艺术。佛教终于打破了早期只用象征手法表现佛陀的惯例，创造出最初的佛像。

早期的佛陀立像

大理地区佛教造像的产生

云南宗教的发展，大致经历了三个阶段：即原始社会的火、图腾崇拜；奴隶社会的祖先崇拜及封建社会的天神崇拜（大理地区崇拜代表就是佛教观音、大黑天神）。虽然后期的崇拜对象有了佛化现象，但贯穿三个阶段的线索则是本地巫术，云南佛教的发展过程无不深深打着本地巫术的烙印。以致在青铜、石窟造像中也多以密宗神祇为主要题材（含南诏王造像）。其巫神的各种面孔都几乎“复制”在了各式佛教造像中，这成为大理佛教造像的基本特征，展现出了浓郁的地方特色和民族特色。

佛像是佛教传播的中心主题，大理地区信仰的印度密宗，在与本地区巫教结合后，更加注重仪轨，而瞻仰圣容即“观想”是密宗修行的首要条件，需将信仰的铸像及绘画携带在身，随时观想思考，才能达到修行的目的。另外在偏僻和文化落后的广大山区，生涩繁杂的三藏佛典让多数人难以接受，佛教造像则以丰富的肢体语言及表情，以直观的形象冲破了语言、文字的障碍，将佛教谦和、平等、牺牲的精神淋漓尽致地表现出来，极大地增加了佛教传播的表现手法和内容。大理地区的佛教造像及绘画理应在佛教传入时即应出现，否则无法开展宗教活动。《南诏图传》中绘画有大理特色的菩萨梵僧画像，这样精美充满个性化的绘画需要有实物为对象，不可能凭空捏造。“艺术来源于生活”，这说明唐代《南诏图传》出现以前，宗教信仰活动在大理地区已十分普遍，并有“图传”中所绘的多种造像在民间供奉流传。

1991年底在巍山县𪩘屽图山石场岭岗发掘出土石刻造像180余件（块）。“这些佛像雕刻流畅有力，面相圆润丰满，胸腹肉感强烈，表现手法古拙浑厚，具有明显的魏晋风格。其种类包含了佛部、莲花部、金刚部，人物神态具有浓厚的印度佛教密宗的特色”。又“据张寿、李玉珉等专家研究，这些佛像有南朝时期的特征，云南许多专家认为应是南诏初期的文物。”𪩘屽城石佛的发式、耳饰及袈裟服式都带有浓厚的印度造像风格，证明巍山民众用当地的砂石雕刻出了印度笈多时代马土腊风格造像的事实，这些风格的造 像在随后的岁月里深深地影响着长江流域广大地区的佛教艺术，这批石雕的发掘，说明当时苍洱部落蒙舍首领族长将佛教雕像敬奉于𪩘屽城的事实，推证了佛教传入大理的时间在魏晋之前，形成造像的年代在魏晋之间。巍山𪩘屽图山集中、大量的出土佛教石雕，表明了古印度佛教传播至大理的史实，也让蜀身毒道的路线至今有迹可寻。

又据《新纂云南通志·宗教考》云：“滇之佛教，传闻于汉晋、兴隆于唐宋……”这句话能否理解为：印度佛教传入滇池、洱海一带被民众接受并形成早期雕像的时间最迟应在西晋以前。同时，世界上许多古代石窟，石雕造像与金属铸像在造型规律上是基本一致的，其艺术形成可互相借鉴。𪩘屽图城石雕的特色及时代风格，必然为大理地区早期金属铸像的产生时间及造型提供了参考依据。

随着佛教在大理地区的进一步传播，石木雕塑像已不能满足信徒的需要，这时便于交流、携带坚固的青铜单尊铸像随之出现。这在青铜文化发达的大理地区是十分自然之事，仅需要思想上的信仰及实物的参照即可做到。大理分布着广泛的铜、铅、锌、铁等金属

岼屽图山佛陀头像

岼屽图山观音头像

岼屽图山佛陀头像

资源，丰富的矿产使大理的先民早在商代就制造出了精美的青铜制品，也使大理地区成为云南青铜文化的源头，至今洱海一带已发现了50多处青铜遗址。重要的有剑川海门口、沙溪鳌峰山及祥云大波那遗址。

剑川海门口出土了铜器、石器、陶器、石范、铜矿、铜渣、兽骨等1000多件文物及碳化谷物，其中青铜器经放射性碳素测定，为距今3115±90年，相当于商代末期，是云南已知铸造青铜器时间最早的地区。

剑川沙溪鳌峰山古墓葬出土了大量青铜器、石器和陶器，距今2420±80年，与海门口考古一脉相承，但青铜铸造技术比海门口更为精良。特别是出土的贝币和绿松石有力地说明在春秋时期，剑川就已同印度及沿海形成了大量的商业文化交流。

祥云大波那出土的铜棺重达300多公斤，棺上有鹰、虎、豹、鹿、马等纹饰，90多件随葬品。绝大部分是青铜器，该墓葬距今2400年，相当于战国中期。

这些早期的青铜文化，让我们知道了远在3000多年前，大理就是一个青铜文化高度发展的地区，这为随后出现的金属铸像奠定了坚实的基础。

巃岏图山佛坐像

早期青铜手镯　直径8厘米

早期青铜铸龟

早期青铜铸龙

早期青铜骑马像

千寻塔的建筑年代及有关塔藏铸像

佛教初创时，佛塔就成为这一宗教的标志性建筑。修建佛塔的目的是供奉佛陀或有德比丘的遗骨。大理崇圣寺千寻塔是一座带有密宗色彩，护民镇邪的佛塔。

千寻塔位于大理古城北郊三公里处的崇圣寺内，全称“法界通灵明道乘塔”，塔高69.13米，呈纺锤状，为四方形密檐式空心砖佛塔。它是佛教在大理传播中最重要的建筑，对它建筑年代的确认意义重大。1978年政府对千寻塔进行维修，从塔内发现的一些佛教器物上，基本可描绘出千寻塔建筑的大致时代，“出土的塔藏文物中的《标型器》和《纪年器》，早到魏晋，晚至南宋”。另外从塔刹基座内发现的写经刻文金属片及塔顶墨书题字都记载了古代对塔进行维修的情况。“经文上称：‘为修塔大施主中圀公高贞寿、高明清、高量诚及法界……’；刻文金属片其一称：‘时辛酉岁平圀公……再修元重……’；其二写‘大宝六年……高量成’字等迹；其三写：‘明治四年庚子岁六月十三日’；在塔顶内写有‘中兴二年’的墨书题记。

上述文字说明大理国中国公高贞寿、高明清、高量诚等人对塔进行过维修；辛酉岁当为南宋绍兴十一年，即公元1141年也维修过塔；‘大宝六年’即公元1154年又修过一次；‘明治四年’即公元1000年似乎也与修塔有关；‘中兴二年’即公元899年题记，这是千寻塔内发现的最高年号，从题记所在位置可以判断，在大理国时期，曾几次维修千寻塔时并未牵动塔顶以下的部位”，明代李元阳也对塔进行过维护。这些记录告诉我们，最早的修复时间在公元899年，最晚的在公元1928年，有记录的维修共发生过七次。我们是否

大理木雕佛塔

南传四方佛佛塔　明早期　象牙　高18.5厘米

1978年维修时的千寻塔

可以从其修复的时间上反推其建筑的年代呢？不难看出千寻塔从公元899年维修后至今已挺立1100多年（虽然中间也进行过一些维修），维修过的古塔这么长时间不倒，可见其当初新建完工时是非常之牢固，我们今天见到的古老建筑，都是万里挑一，奇迹般地幸存下来的，只有建筑质量好，不会倒的才有机会得到今人的保护。在大理，质量差的建筑早在地震及风雨侵蚀下灰飞烟灭。照建筑的常识推理，在正常情况下对建筑物进行维修，一般都是在其使用年限过半的情况下进行。这能否说明千寻塔从新建到开始破败需要维修的大理国时，这段时间少算点起码也在四五百年以上，如果从最早的维修时间（公元899年）朝上反推四百年，其建筑年代约在公元四世纪末五世纪初的南北朝时期。有的书上说千寻塔建在南诏初年，有的说建在大理国早期……就以南诏初年说，南诏到大理国也就区区二百年差一点，像塔这样的地标性重要建筑二百年就要开始维修，只能说明此塔的质量太差，这样的塔绝不是“重屋制如蛛网，架空无柱”这样高水平的大理工匠的杰作，约70米左右高大细长的柱状建筑如果建筑质量有问题，不管你怎样维修也熬不到千年后的今天。

另外1978年维修千寻塔时，文物部门也对东南门洞塔门木过梁进行年代测定，测定结果塔门木过梁距今已有1445±75年，这个测定数据可正推出千寻塔约建于公元五世纪末，相当于南北朝晚期，这与上述反推的时间大致相同。最后从塔藏物件上看，如果塔建于南北朝时期，就与塔藏魏晋时期的物件置入年代基本吻合。我们知道三国、两晋、南北朝是连在一块的，这几朝的历史都较短，东晋一完就到了南北朝，千寻塔如在此时而建，当时的人在封塔时放入前朝父辈或祖辈留下的佛教物件理所当然。关于千寻塔的建筑年代，傅光宇《大理千寻塔始建年代考》也说，1978年千寻塔大修时，曾取塔内木质横梁进行测定，所获年代数据是公元534年~684年，此塔建筑年代竟在初唐或之前。千寻塔内放置的器物，有魏晋时代至南宋时期的佛教用品，这些佛教铸像及物品放入的时间有前有后，但肯定是有目的分期分批放入，尤其是在政权交替，自然灾害之际，为避凶趋吉，常常摆放入一些新的物品，这样的仪式从建塔之初一直延续至大理国结束。千寻塔建筑在南诏之前，“大理国时几次维修并未牵动塔顶以下部分”，塔内发现魏晋时期的铜镜合乎时间顺序。古人没有必要、也不会去将早期的古物收集来有意置入，铜镜在当时的大理已不算稀罕之物，它仅作为一种密宗法器放入。塔内的铸像及藏物应该多是封塔时信众捐出的物品。总之千寻塔内的器物不可能在塔建好若干年后的南诏或宋代才分批放入，存贮于千寻塔内的佛像起码其中的一部分其铸造及放入的年代应早于南诏时期。

上章提到的《太平广记》对大理的塔有专门的记叙："六昭并合时期，洱海附近已有许多佛塔，当时百姓常以蔬食供养佛塔，这些佛塔如成坛、三重石砌，上有覆釜。"南诏之前的塔可能多是这种印度风格的窣堵婆式舍利塔。再从千寻塔内的金刚杵、塔砖上的梵文及塔藏《佛前自心印陀罗尼钞》《胎藏曼荼罗图像》写经来看，传入大理的印度佛教密宗主要是由胎藏界密宗体系发展而来的，千寻塔是一座密宗佛塔。其舍利、佛经、造像集中放置于木幢的塔刹之中，与其他地方的重要藏物放置于塔的地宫中的方法完全不同。大理自古水灾频繁，人民深受其苦，因此建塔镇之，以禳水灾，故云南的许多塔顶都有一个特点——站立金鸡［昆明东西寺塔］，金鸡又名金翅鸟，梵名迦楼罗，是毗湿奴之乘物。此鸟食龙能镇水患，中原显宗佛塔无此特征。当然千寻塔这样的大型建筑，必须是由族长大姓来指挥完成的，其建筑风格及塔内摆放的器物应该是有代表性、极为严肃的，不能随意创造。在古代，大理工匠的建筑水平也是很高的，《蛮书》称其"重屋制如蛛网，架空无柱；"五华楼"楼方广五里，高百尺，上可容万人。"因此，千寻塔理应是大理先民在接受印度密宗后自行修建的。塔的出现说明在唐代以前，印度佛教早已在大理传播，千寻塔这样规模较大的佛塔，证明了佛教地位也由最初的传入变为了"确立"。南诏建国时（公元738年），千寻塔早已高高耸立。

千寻塔这样精美的大型佛教建筑，在当时乃至今日都是一件大事，其塔藏物品肯定代表或集中了当时大理佛教艺术的精华。现将塔藏佛教造像的有关报道简述如下："1925年大理地震时随塔刹掉落的铜塔模高约36厘米，重6斤4两，七级，四面造像30躯，下层四天王托塔，翠色斑斓，精气夺目，为滇中第一重器。后转由李根源先生收藏，惜于抗日战争时携至苏州遗失，至今下落不明；1926年冬地震又将塔顶安置的铜器坠落于地，是一大铜盂，平底红铜，圆经约5尺，高2尺，厚5分……铜盂已破裂，所盛诸物亦散乱满地。有折断变形者，群众闻讯而至者数百十，争夺而去，铜

昆明东西寺塔上站立着"金鸡"

盂体大，被分片而散尽，后有人以铜片制戒指，说是辟邪，一时成为风尚，滇西各县多有得者……大理有权势者出面搜索，得其精品，有说：一铜匣内藏经卷，梵藏，汉文金粉写，又有说铜佛像数躯，大小不一，尚有他物。”“千寻塔顶掉落的造像，有的已流失国外，其中有七尊观音像在国外刊物上发表，现一尊存圣地亚哥美术展览馆，一尊在克里佛兰美术博物馆，一尊在纽约大都会博物馆，一尊在芝加哥美术学院，一尊在波士顿美术博物馆，一尊在纽约爱丽丝赖康卜美术馆，一尊在狄特力康顿。1979年在对千寻塔进行清理维修中，共清理出各种佛教物品600余件，其中各种造像133尊，各种法器200余件”……

1979年千寻塔清理出的这批精美铸像，为大理佛的研究提供了重要的实物。

大理地区佛教造像的时代划分

六诏统一前的大理，各“诏主”都是当地的山寨王，处于群龙无首、各自为政的状态。这种松散、相对自闭的氛围，客观上给予了各种巫教传播及信众信仰表达极大的自由。皮罗阁统一六诏之后，佛教在王室的支持下成为这一地区民众的共同信仰，这使佛教与长期沉淀在各诏、各地区的巫教文化融合在了一起，这一结果终于在南诏中晚期绽放出了大理佛教艺术这朵奇葩。今天这朵奇葩最引人注目的部分就是其宗教造像，我们相信大理国时期出现的精美造像，必然是对前期宗教文化艺术的继承和发展，这些造像也就是六诏及六诏前这一地区和周边地区社会宗教文化发展带出的余波。

虽然目前大理佛的相关资料及博物馆展出的造像实物十分有限，但这些珍贵的实物对我们认识了解佛教文化及艺术提供了重要的依据。从昽岈图城石雕，三塔铸像及世界各地出现的大理佛来分类，可将大理地区佛教造像初步分为三个阶段：一是唐代前的早期造像；二是成熟时期的唐宋造像；三是走向衰退的元、明、清像。大理早期造像与其青铜文化一样，不见铭文标识，故时代的划分是从其内在结构表现及外部风格特征上来划分的，称为早期是其整体造型风格与唐、宋、明时的造像特征明显不同，不同时代的造像在其身上所反映出来的精神、服饰、刀法等是有所区别的。根据他们明显不同的风格，具体地说大理早期单尊石雕，金属铸像出现的时间约在西晋、南北朝这个时段上，早期出现的造像仅见佛陀与观音。从唐末开始至宋代结束，是大理佛发展的巅峰时期。各类造像在工艺上更加完善成熟、在造像的种类上也增加了许多，明显的就是观音的种类增加了，还出现了护法及梵僧、国王等像。到元代时，由于阿吒力教从根本上受到打击，信仰的衰退，使造像的数量及工艺水平比唐宋时期下降了很多，并逐步走向衰落。这应该就是大理佛产生、发展、衰落的过程。中原在五胡十六国时期出现了单尊金属铸像，云南是接受佛教影响最早的地区之一，又称“金属王国”，确定其早期金属铸像的种类和年代是十分必要的。

大理地区金属铸像的主要神祇及特点

大理地区早期铸像较为单一，仅见佛陀和柳枝观音（又称易长观音，南无孤绝海岸观音）。从七世纪初开始，由于阿吒力教的传播更为广泛，许多虔诚的阿吒力僧都诵持佛典，修行本尊，加之王室及民众对宗教的兼容并蓄，形成了佛教铸像的多元化，造像风格丰富多彩。八世纪左右，成熟时期金属铸像的主要神祇有印度风格的释迦佛、弥勒佛、阿嵯耶观音，有中原风格的五方佛，千手、持荷、柳枝观音，地藏，韦陀等；更有地方特色的尊胜佛母、大黑天、大胜金刚、赞陀崛多、国王像……在众多神佛中，最有代表性的铸像佛部仍是释迦牟尼佛，大日如来佛；莲花部造像以柳枝观音、阿嵯耶观音、尊胜佛母、地藏为主；护法金刚部的，代表为大黑天神和迦楼罗（又称大鹏金翅鸟）；僧像主要是大理国师赞陀崛多及国王像。上述具有地方代表性的铸像，从其称呼到造像风格都带有阿吒力教的密宗色彩。弄清这几类造像，对“大理佛”也就有了基本的认识及了解了。

佛陀铸像

大理早期佛陀铸像头部螺发简略，多数头部为魔光肉髻，不表现发丝，脸型长圆，杏眼擴长，双目平视，鼻翼较宽，面相微笑平静，著通肩式大衣，衣纹流畅贴体，呈“U”型，袖口宽大呈对称性浅阶梯平行排列于双脚之上，双手心向上，相交置于腹间，结跏趺坐于方台或莲花之上，所有铸像均不包底，底部中空，尺寸较小（约10厘米左右），中空的底部与东北印度帕拉风格小型造像的底座极为相似。表情衣纹带有明显马土腊风格，其双眼及衣纹、身躯、手脚的造型，与中原五胡十六国时期的铸像十分相近，在大理佛陀像中，释迦佛与大日如来佛仅在手印上区分，大日如来结智拳印（左手为右手所握，至胸前伸出食指和中指），均是坐像，无倚像及立像。

无量寿如来坐像　南诏　青铜　高10.8厘米

无量寿如来坐像　南诏前　青铜　高6厘米

无量寿如来坐像　南诏前　青铜　高9厘米

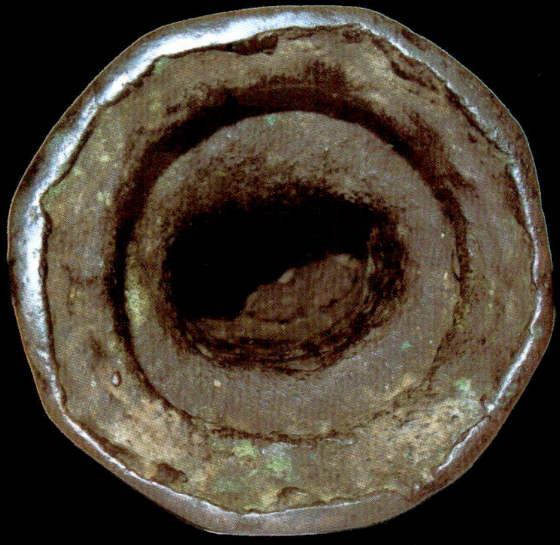

大理佛中空的底部

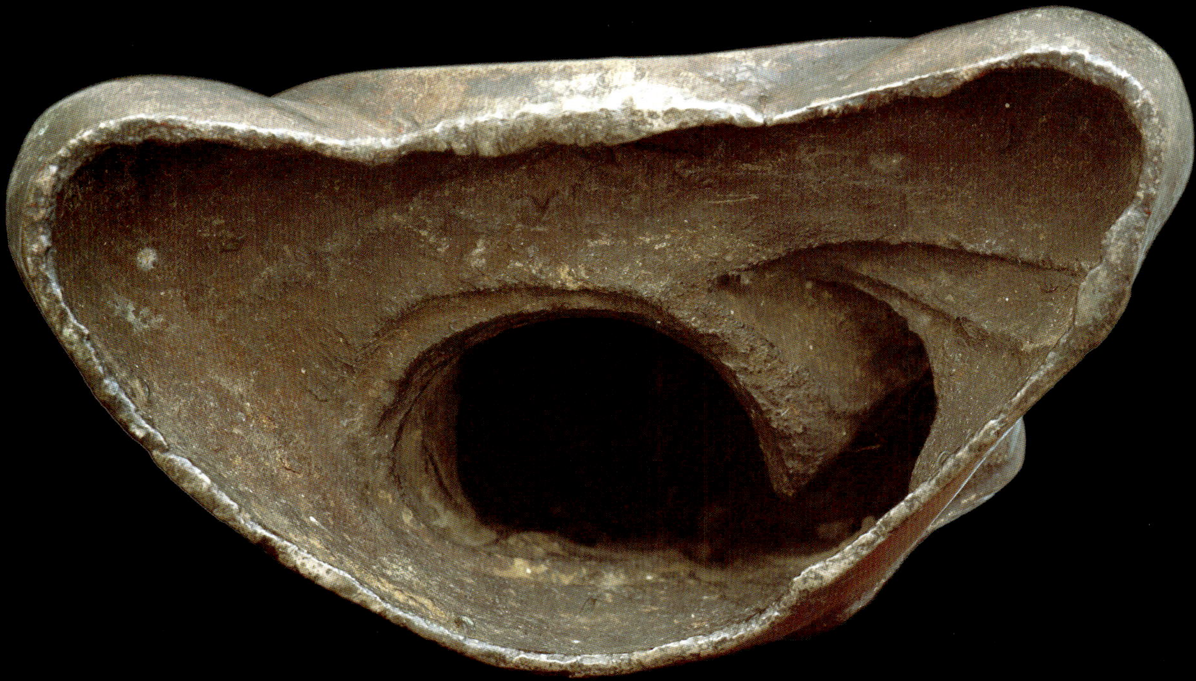

大理佛中空的底部

小型帕拉造像的底部

佛陀坐像　六诏前　青铜　高9厘米

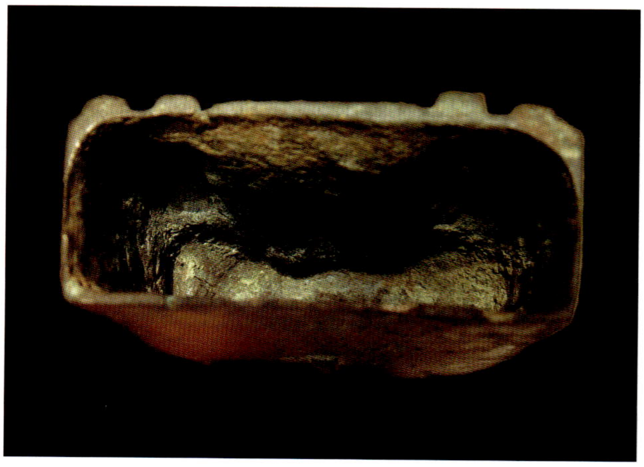

佛陀坐像底部

美国藏中原五胡十六国时期鎏金佛陀坐像

大日如来结智拳印

早期佛像的背光呈葫芦形，边缘刻火焰纹，顶部尖细向前倾，表示火的力度，背光上部有摩尼珠，部分也有圆形的头光，并刻火焰纹。早期的莲座为束腰仰莲座，莲瓣肥厚有力]。木雕佛像须弥座下除仰莲外，另刻有金翅鸟、力士和几何形图案。到南诏大理国时，很多佛像已失去背光、头光，佛像下的莲花座、须弥座也消失不见，少部分佛像腿下仅留一小段折边。因此见到造型上带有背光、头光及莲花座的大理佛一般年代较早。

大理早期造像的葫芦形背光

大理早期铸像的束腰仰莲座

大理早期铸像的莲座上刻画的莲瓣

木雕佛像底座

木雕佛像底座

木雕佛像底座

木雕佛像底座

木雕佛像底座

木雕佛像底座

腿下还留有一小段折边的大理国时期佛像

大理佛的服饰未见中原的褒衣博带式，早期多见印度通肩式或袒右肩式，后期增加了双领下垂式，南诏时期双领下垂实际上是袈裟披在肩上，下垂至胸腹左右两边的袈裟线条流畅地朝右靠，下垂的双领也有宽窄之分，所以下垂并不对称；到了元明时期，下垂的衣边有了纹饰，双领左右对称、均等，工整地排列在胸腹两旁。大理国时期的佛像在坐下时两腿间的袈裟下摆部分呈半圆形披履双足。头戴风帽身穿通肩式袈裟的铸像一般年份较早，多数左胸戴袈裟扣的铸像（含罗汉）年代都在唐宋之间。

部分已失去背光及底座的大理国时期佛像

腿下还留有一小段折边的大理国时期佛像

早期下垂的双领并不对称

早期下垂的双领并不对称

元代后下垂的双领均等、对称

元代后下垂的双领均等、对称

大理国佛像除袈裟的下摆呈半圆形披履双足

大理国佛像袈裟的下摆呈半圆形披履双足

唐宋时期的造像左胸多佩袈裟扣

唐宋时期的造像左胸多佩袈裟扣

中期铸像失去了早期的一些特征，但工艺上却更加完美。由于此时对观音的狂热，以至大理地区的佛像铸造装饰也带有女性化的特点，多数大日如来、阿閦佛、无量佛等五方佛的双耳上都戴上了硕大的圆形耳环，右臂上也戴着一个花曼型臂钏，有的手腕上还戴着手镯，这一有趣的特征，在佛像铸造史上十分特殊，表面上是释迦佛的女性化，实际上是受阿嵯耶带来的南亚美学的影响。中期铸佛像均为席地而坐，肉髻低平，束发类发丝清晰有序，一蓬蓬精细的发丝向外隆起，头顶上部正中有椭圆形的严顶；螺发类右向旋转，颗粒饱满有力，束发及螺发类均在发中部铸出半圆髻珠。额头短浅，杏仁眼，目光下垂，宽鼻厚唇，面相饱满，微笑慈祥，双眉间带白毫。衣纹更加轻薄贴体，胸腹肌肉起伏有力，肉感强烈，多数双手置于双膝上，手掌柔软而有弹性，结弥陀定印（五方佛手印除外）。

刀法上早期铸像多用平地阴线刻法，南诏后多用圆刀。

各类佛陀佩戴的不同耳坠

各类佛陀佩戴的不同耳坠

各类佛陀佩戴的不同耳坠

各类佛陀佩戴的不同耳坠

各类佛陀佩戴的不同耳坠

各类佛陀右手臂佩戴的臂钏

各类佛陀右手臂佩戴的臂钏

各类佛陀右手臂佩戴的臂钏

阿弥陀佛佩戴着手镯

省博物馆藏纯金佛坐像

菩萨铸像

在大理佛教中，以观音诸相为主的莲花部造像最为丰富，崇圣寺千寻塔清理出的133尊铸像中，各类观音铸像就占了58尊。观音本为男性，是位太子（梵名阿缚卢枳低湿代逻，出生日为农历二月十九日，出家日为六月九日，成道九月十九日），成道后与大势至菩萨同为阿弥陀佛的协侍，合称“西方三圣”。大理观音主要有易长观音、建国观音、南无孤绝海岸观音，南诏时增加了阿嵯耶观音。早期观音呈男相，大部分持净瓶站立，身段秀美，腹部微凸，头戴高冠，冠中坐一化佛，面相清瘦，衣纹上的刀法刻凿较深，披巾挂帛，深垂过膝，帛上阴刻三道“U”形弦纹，双臂戴臂钏，双钏紧贴腋下，璎珞大而饱满，注重对璎珞及花纹的表现，身后有的铸带火焰的葫芦形背光或头光。站立于束腰仰覆莲上，铸像多为实心，高度在10厘米左右，这是大理早期观音的基本特色。成熟的中期观音铸像，虽然基本保持了早期大的造型，但一对比在局部还是有些微小的变化：早期观音举尘（拂尘或花枝）提瓶，后期却变成举瓶提裙（裙带）；早期左手下垂提“净瓶”，右手弯曲手持一束花枝举至右肩，需注意手中的花枝挺拔向上，这一特征与北魏时期中原观音铸像手中的花枝完全一致。这种风格到了隋唐时发生了变化——向上的花枝变成了下垂的柳枝及拂尘。

崇圣寺北塔观音雕像

崇圣寺南塔观音雕像

南诏早期杨枝观音铸像　青铜　高11厘米

南诏早期杨枝观音铸像　青铜　高14厘米

杨枝观音铸像　南诏早期　青铜　高13厘米

杨枝观音铸像背面

云南省博物馆藏银杨枝观音立像　高30厘米

六臂观音像　南诏早期　青铜　高17.5厘米

六臂观音像背面

六臂观音像侧面

南诏早期观音“举尘提瓶”

南诏早期观音“举尘提瓶”

南诏后期观音变为“举瓶提裙”

南诏后期观音变为“举瓶提裙”

北魏时期手中的花枝挺拔向上

北魏时期手中的花枝挺拔向上

北魏时期手中的花枝挺拔向上

杨枝观音立像　五代　铜鎏金　高15厘米

杨枝观音立像　大理国　青铜　高12厘米

六臂观音像（残）　大理国　青铜　高27厘米

杨枝观音立像　南诏初期　青铜
高25厘米

杨枝观音立像　大理国　鎏金髹红漆
高48厘米

观音造像早期裙帛下摆扬起，后期下垂无力，早期身形三折，后期腰腿僵直；早期璎珞呈大颗粒状与披帛一起紧贴身躯，后期少见璎珞，颗粒变小，披帛松垮；早期臂钏在腋下，后期下落至臂拐之间；早期面容智慧，明哲，晚期温柔、甜俗，双目空泛，表情空漠……

阿嵯耶观音像

在大理早期的石木雕像及屹岍图山出土的石佛中，观音铸像并无阿嵯耶的造型，说明七世纪前阿嵯耶观音还未传到大理，或者与传到后，部族长老及信徒不予认可有关。南诏初年观音开始深入人心，而在众多的观音中，带有异国他乡色彩的阿嵯耶观音脱颖而出，最受民众崇拜，这与这一时期世界上佛教传播中神祇崇拜紧密相连。从印度的湿婆舞神到汉地的千手千眼观音，如意轮观音、西藏的十一面观音、大理阿嵯耶观音等，观音信仰是七八世纪佛教密宗的一大特色。千寻塔清理出的金属铸像中阿嵯耶观音均为男相（以云南省博物馆的馆藏为标准像），据目前对观音造像的研究认为，观音女性化最初出现在南北朝，完全女性化则是在唐代晚期，观音由男变女是佛教汉化的显著标志。因此大理男相阿嵯耶观音特征能否说明，其铸像的时代主要指南诏及南诏之前，女相阿嵯耶观音出现的时代则在南诏之后。这也从一个层面说明大理地区的观音铸像长期保持着本民族的特点，直到唐末宋初民族特色才逐渐退去。

杨枝观音立像

大理国时期阿嵯耶观音飘扬的裙角

宋代之后阿嵯耶观音下垂的裙角

南诏前早期观音的璎珞臂钏样式

阿嵯耶观音立像　大理国　青铜鬃红漆　高31厘米

阿嵯耶观音立像侧面

阿嵯耶观音立像背面

男像阿嵯耶观音

女像阿嵯耶观音

阿嵯耶观音是怎么来到大理的呢？据我到印度、尼泊尔、越南等国的博物馆考察后认为，梵僧将印度毗湿奴之“圣容”带到洱海地区，又融入了中南半岛菩萨的发型，最后结合了大理白族的面部特征而形成了大理阿嵯耶观音，它的身上散发着一股浓郁的异国情调，明显地带有印度秣菟罗艺术风格及印尼马来文化的特征，阿嵯耶观音与印度、中南半岛的佛教有着深厚的文化渊源。她最完美的艺术是她的头冠和发辫，就是今天最好的发型师也设计不出如此精细华美的作品，令人叫绝。她最显著的特点就是完整地保持了僵直的男相观音造型，为什么这样说呢？因为男相观音在世界上很多地方均可见到，非阿嵯耶独有，但如此僵直的身体，在莲花部中为阿嵯耶独有，上身平板，无中早期铸像的肌肉起伏，下身无大小腿、膝盖之分，如两根圆棍直插地上，完美的头部，僵直的下肢让人过目不忘。

印度新德里国家博物馆收藏的毗湿奴石雕造像

印度新德里国家博物馆收藏的毗湿奴石雕造像

印度新德里国家博物馆收藏的毗湿奴石雕造像

印度新德里国家博物馆收藏的毗湿奴石雕造像

中南半岛菩萨的发型

中南半岛菩萨的发型

中南半岛菩萨的发型

中南半岛菩萨的发型

阿嵯耶观音立像　大理国　青铜
高48厘米

阿嵯耶观音立像背面

阿嵯耶观音精美的发辫

阿嵯耶观音像分坐像和站像两种，高度在15至49厘米之间，男相，额头上戴一宽边花冠，发髻高耸（发高与脸的长度基本一致），发髻中央用宽带束发，束发宽带的正中坐一化佛（阿弥陀佛），化佛的左右两边各有三至四股发辫将束发带与花冠相连，左右耳旁各有一条下垂至肩的发辫。发辫梳理紧密有力，一般左侧11辫，右侧10辫［少数略有变化］，头部前后发辫清晰可见，连贯有序，这样精细完美的发髻工艺在所有菩萨像中十分罕见。额头方阔正中带白毫，表情平静，两眉相连，杏仁眼，高颧骨。两颊消瘦，嘴微凸，唇较厚，鼻准低垂，双耳戴硕大沉重的螺形耳珰垂于双肩。颈上戴月牙形璎珞项链，项链上部戴链珠，颗粒饱满。左手手指微弯于左腹前，右手放于胸前，平掌向正前方，双手持“安慰摄取印”（妙音天印）。双臂戴三角形雕饰的臂钏，右手腕戴镯，双手制作极为完美。上身扁平袒露，胸腹平板、肩窄腰细，下着薄裙，两脚直立，缺乏张力。腰部戴一条宽边花箍，腰箍下系一条宽巾围在胯前，宽巾在腰部正中系一个装饰结后，分两股挂于腿侧。薄裙紧贴双腿阴刻规律性“U”

阿嵯耶观音僵直的下肢

阿嵯耶观音头部的侧面发辫

形纹。跣足，足下有方形榫头，榫头长度在3～6厘米之间不等。多数在背、腰部开窗。尺寸小一些的带葫芦形火焰背光，并站在束莲座上。

尊胜佛母像

“尊胜佛母”的称呼和形象是由西藏传入的，蒙语叫“茨库德勒”，藏语称“措道那穆玛雅”。藏族认为她是一尊救苦救难的女性菩萨。在西藏，“尊胜佛母”与“长寿佛”、“白度母”被奉为“长寿三尊”。大理南无佛顶尊胜大佛母双脚结跏趺坐，四臂，前双手合十于前胸，后双手高举至额头或头顶上合十，四臂均戴钏镯。面颊丰满，微笑戴大圆耳环，身披彩带，胸前佩宝珠瓔珞。该菩萨超生荐死，通常雕刻于墓碑之上，出现在南诏之后大理国中后期，金属铸像较少。

尊胜佛母坐像　大理国　青铜　高13厘米

崇圣寺南塔尊胜佛母石雕像

尊胜佛母坐像　南诏　汉白玉　高54厘米

尊胜佛母坐像局部

地藏菩萨半跏像　南诏末　青铜加彩　高26厘米

地藏菩萨半跏像　大理国　青铜加彩　高19厘米

地藏菩萨立像　大理国　青铜加彩　高11.5厘米

甘露观音像　清代　木雕加彩　长97厘米，宽31厘米

在菩萨中对地藏的信仰略低于尊胜佛母，此菩萨造型很有地方特色，一手持锡杖，一手捧宝珠，较易识别。

总之，大理地区观音崇拜有广泛的群众基础，从千寻塔及张胜温画卷中都出现了许多的观音造像，虽然它们的造型及服饰、名称各有不同，但男像主要有梵僧观音、易长观音、阿嵯耶观音，女像有尊胜佛母、雨铜观音、海岸狐绝观音……过去大理地区的一些白族信徒修持密宗多以观音为本尊，并在姓名中有夹观音名的习俗，如“段易长兴”、“董观音慧”、“杨观音静”等，南诏之后，男像观音逐渐消失，女像观音一枝独秀，她们都以慈母的形象出现，大慈大悲，以柳枝拂去众生的贪痴，以甘露滋润苦难的心。《般若心经》曰：“观自在菩萨，行深般若波罗蜜多时，照见五蕴皆空，度一切苦厄”。我想这也许就是大理观音及莲花部造像特别发达的原因。

梵僧、国王像

大理地区的梵僧、国王铸像与西藏的祖师像意义基本一致，即民众对在修学和弘法上有杰出成就的高僧大德、国王的尊重敬仰的结晶，造型基本上根据梵僧、国王生前的面貌形象特征铸造。

梵僧铸像

梵僧像简单说就是带有印度僧人相貌及服饰的像。“从《南诏图传》的画面中，明显地可以看出观音就是梵僧、天竺僧，文字卷则明确指出了观音的梵僧面目”。大理僧人在传教的同时，还带领当地人兴修水利、祈晴祷雨，废土葬，兴火葬，用其法术降魔伏虎，感化了土著民众，梵僧的形象深入人心，在唐宋期间与神佛一道被描绘在画卷之中，或在石窟中雕刻及铸成金属像让人供奉。梵僧金属铸像目前没有确定的标准器物，但可参照《张胜温画卷》中的梵僧像来认识基本轮廓。不同的梵僧造像之间虽略有差异，但却保持着基本稳定的风格。早期的梵僧形象应以《南诏图传》中描绘的为主，是一位高鼻深目，髯髯丰颐，头戴莲花冠，身披袈裟，拄杖，托钵，脚著布履的天竺僧人，身旁有一犬相随，到公元8世纪，金属梵僧铸

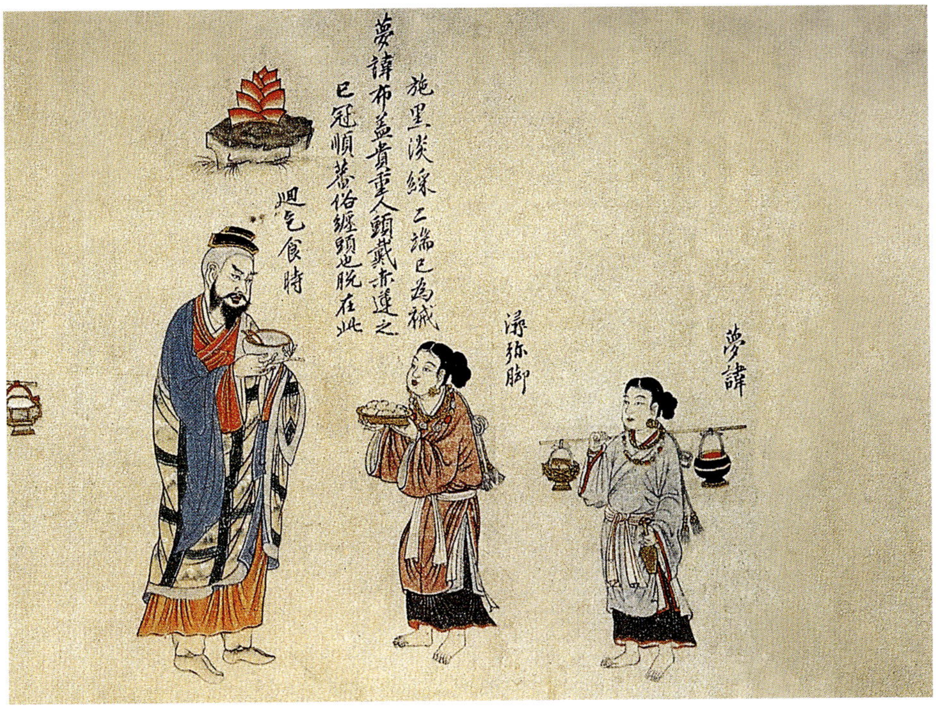

《南诏图传》梵僧乞食图

梵僧坐像　南诏　青铜加彩　高10.5厘米

梵僧坐像　大理国　青铜漆金　高16.5厘米

梵僧坐像脑后的卷发

像多为坐像，高度在5～30厘米之间，秃顶或脑后带有卷发，面部圆润，额头丰满，双眼微闭，高鼻深目，浓眉大耳、五官突出，面部表情刚毅威严。身披袈裟，衣纹柔软，肩宽身长，胸腹起伏有力，双手置于腹前结定印。双脚盘坐，这是梵僧金属铸像的基本特征。这样的造型表明他们已是成佛之相，其代表人物是赞陀崛多。

大理唐宋时期的金属罗汉造像不多，他们从来都是收藏的热点，罗汉中的“梵相”就更加少见。好在大理地区汉代就有长久居住的“身毒之民”，唐宋时有功的“身毒之民”还被王室加官晋爵，他们的形象除在绘画、石窟中表现出来外，也有极少部分在金属铸像中流传下来，这些罗汉、梵像结构严谨，刀法老辣，生动传神，个性十足。

梵僧坐像　元　青铜　高25厘米

国师坐像　大理国　木雕加彩　高38厘米

国师坐像背面

天王头像　大理国　青铜　高5厘米

罗汉头像　大理国　青铜　高4厘米

罗汉头像　明　青铜　高4.5厘米

国王像

我们在南诏大理国时期的绘画及石窟中都会看到国王造像的出现，这不是偶然的。从历史上看，南诏大理国的不少国王本身就是精通佛法的高僧，善于佛事，（南诏蒙隆舜甚至改年号为“嵯耶”）。由于其在信仰、传播和推广阿吒力教的过程中起着至关重要的作用，故他们的尊容被僧人及民众描绘在阿吒力教的众神之中。他们是印度密宗来到洱海地区发展的新生力量，是阿吒力教坚定的“护法”。在护法的同时，他们广受善男信女的崇拜，而他们本人也十分愿意享受这样的崇拜。

他们的石窟造型仍然是一副王者之像，盘坐在高大的力士兽座之上，头戴“头囊”，身着圆领宽袖长袍，双手入袖置于腹前，面容俊秀，仪态端庄。石窟造像谦虚了一点，一尊大理国时期的国王金属铸像则表现出了其真正本性：头戴三叶高冠、发髻高耸，两耳旁的束发带向上飞扬，面相饱满，两眼微睁，鼻翼宽阔，嘴唇较厚，两耳戴环，身着通肩式袈裟，衣纹流畅贴体，右手腕戴镯，盘坐于莲花之上，双手结智拳印，这尊金属铸像充分证明了印度密宗到了苍洱地区，与本土巫教结合后产生了一个新的神祇——大理国王。但他不是一般的神祇，端坐于莲花之上手结智拳印，以密宗大日如来的最高佛格自居，其铸像的内心及目的不言而喻。在密宗仪礼中，大日如来被认为是宇宙万物的根本佛，他集佛的一切大德于一身，光明

剑川石宝山第1窟异牟寻坐朝图　南诏末

剑川石宝山第2窟阁罗凤议政图　南诏末

大理国王坐像　大理国　铜鎏金　高9.5厘米

大理国王坐像正面

大理国王坐像背面

普照天边。这尊铸像上的大理国王，既是国家的统治者，又是宗教的管理者，集佛部、莲华部、巫教等神祇为一身，其诸法遍在，故密号遍在金刚，系密宗宇宙实相佛格化之根本佛，将一个血肉之躯美化成为了宇宙中的大神。这是南诏大理国铸像中一个有趣的特色，这种创作手法也和白族先民早期萌发的本主崇拜思想有关。

梵僧、国王铸像的面貌虽然不同，但口角眉眼间蕴含着慈祥而不可言说的神秘微笑是他们的共同特点。这正是梵僧、国王所崇尚的境界——智慧的内心和脱俗的风范，体现了佛家“温、良、恭、谦、让”的思想。

护法像——大黑天及大鹏金翅鸟

明王、护法是按密宗教义和仪轨创作的造像，是佛、菩萨降服邪魔、愤怒时威猛的化身。所以，护法铸像多是愤怒相，多数面目狰狞。

大黑天

大黑天在大理出现的时间不是最早，但在明王、护法神造像中地位非常特殊。他不仅是阿吒力教的保护神，在《大日经疏》中还是大自在天和大日如来的化身。在印度湿婆、克罗希那、毗湿奴、罗摩、乌玛、梵天等早期诸佛中并不见其身影，直到婆罗门教兴起后，出现了药王神，其化身叫“摩珂迦罗”，即出现了大黑天神。我在尼泊尔期间，专门照了一些大黑天的照片，今天所见的大黑天造型，最早出现在尼泊尔早期唐卡及石雕上，约七世纪前后，他在尼泊尔代表湿婆的化身，降服邪魔时即呈现出愤怒状。大黑天被尼泊尔僧人带入吐蕃后，与藏密结合，又成为吐蕃的明王部神祇，但身矮头大，四肢短肥，并不愤怒狰狞。约在公元754年南诏臣服吐蕃后，南诏王室也将吐蕃明王请到了洱海地区，并以其为保护人类、吞服带有瘟疫的符咒而通体变黑而死的神话，列入王室祀之。并赋

金刚手立像　大理国　青铜　高11厘米

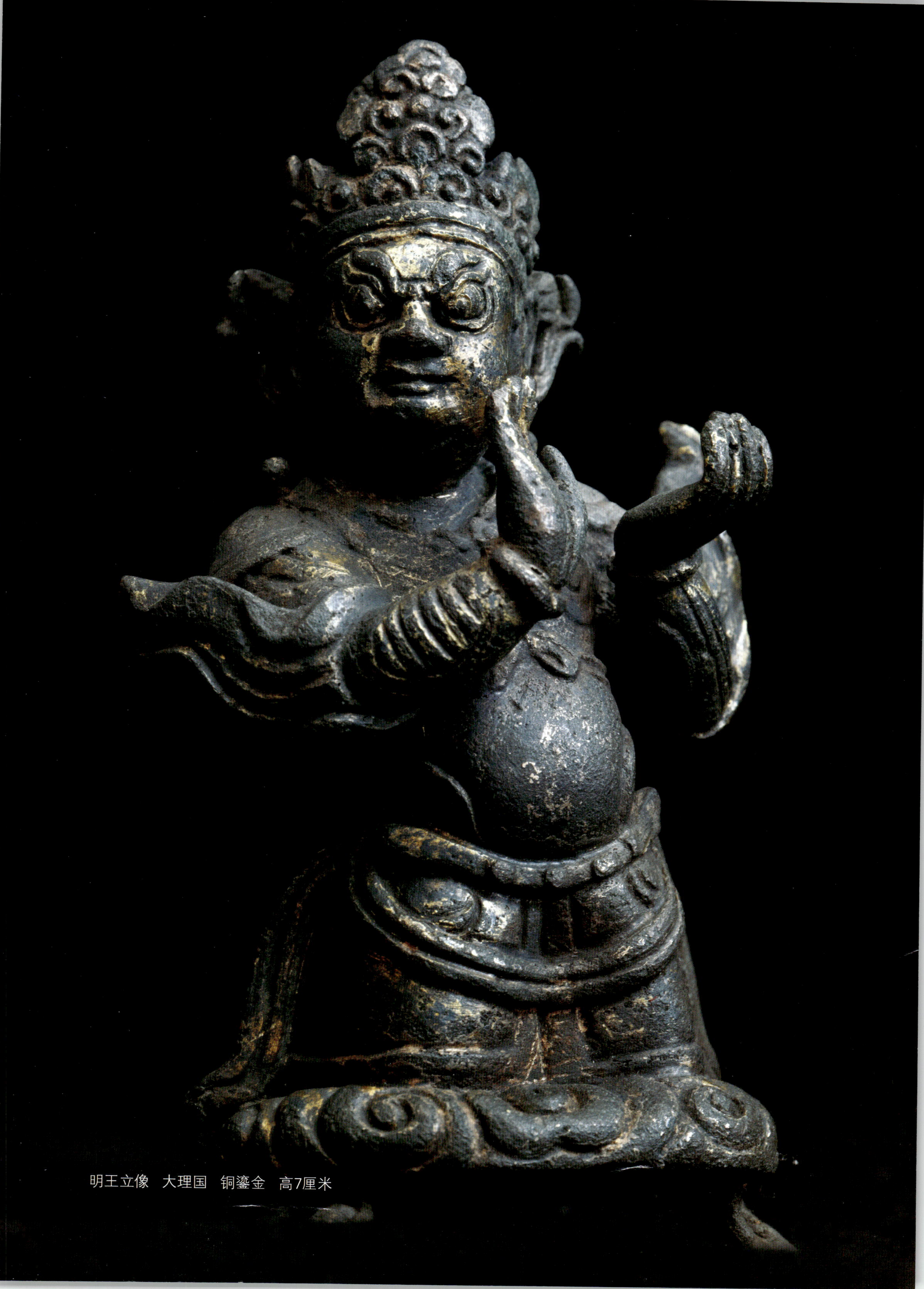

明王立像　大理国　铜鎏金　高7厘米

龙王护法立像　宋末　青铜　高13.5厘米

予他掌管人间生死祸福能救苦救难的权力，故而备受苍洱民众信仰，信仰的普遍性仅次于阿嵯耶观音。元代以后，他变为了白族保护神——本主之一。尼泊尔、西藏、中原及大理地区的大黑天铸像形态并不统一，大理地区的大黑天神形象更为狰狞勇猛。密宗认为，愤怒畏怖之形，能降服众魔以及众生因无明而引起的贪、嗔、痴等魔障。沉溺于贪、嗔、痴的众生，一旦观此愤怒畏怖之相，即如当头棒喝，猛然惊醒，从而获得解脱。大理的大黑天有安乐迦罗、日月迦罗、大胜金刚抉、大圣大黑天等7种形象，在大理常见的是金钵迦罗及大圣大黑天。

大理大黑天神铸像多为立像，也有骑在牛背上的坐像，高度在5～50厘米左右，多为铁铸，表面氧化为黑色，头发向上飘举，戴骷髅发箍，脖子上戴一毒蛇贯穿骷髅的璎珞，双目圆睁，虎牙獠出，有四、六、八臂（六臂大黑天是最常见最圆满的一种形象），分持钺刀、鼓、三叉戟、剑、饿鬼、人头钵、念珠、金刚杵等法器，法器交代有序。腰系虎皮短裙，裙上系倒悬的骷髅头，跣足站立。颈部、手腕、臂部及脚腕均有毒蛇缠绕，蛇的头尾呈扭曲状。整个造像张牙舞爪，全身肌肉凸起，作愤怒状。

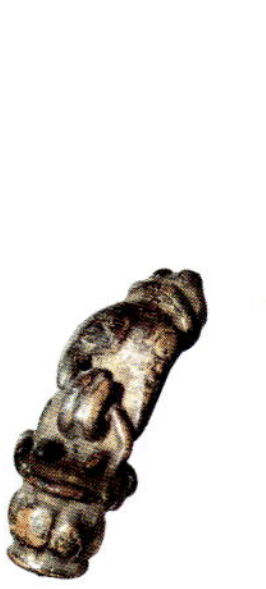

尼泊尔早期彩绘大黑天唐卡

尼泊尔神庙中站立的大黑天石雕像

西藏15世纪大黑天立像

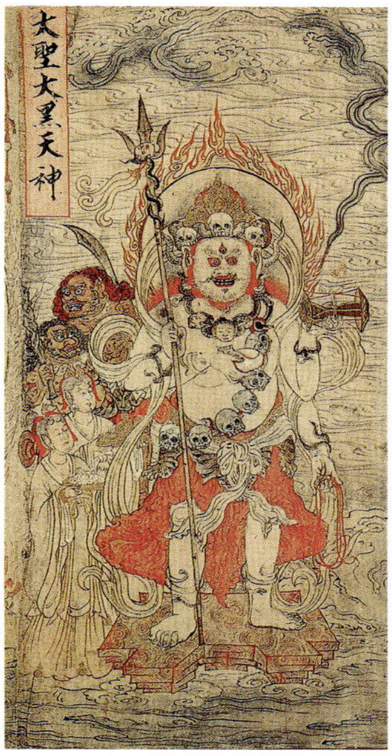

《张胜温画卷》中的大黑天像

大理大黑天立像　大理国　木雕　高56厘米

大黑天立像　大理国　青铜　高7.5厘米

大黑天坐像　南诏　铁加彩　高26厘米

金钵迦罗立像 | 南诏 青铜 高15.5厘米

大黑天坐像　大理国末期　木雕加彩　高96厘米

大黑天石窟造像局部

大黑天后腰系着
虎皮短裙

四臂大黑天立像　南诏　铁　高20.5厘米

大鹏金翅鸟

世界上很多地方在古代都产生过对飞禽的崇拜，至今一些国家的国旗、国徽上还仍以鹰为象征，在西亚、印度、吐蕃、大理、成都等这一横向的广大地区，对飞禽的崇拜与当地民族古老的宗教信仰紧密相连。简单说“鸟”就是古代先人向上天的神祇沟通时的“中介”物。为什么要选用“鸟”呢？过去的巫师在祈祷南方的神灵时，必须要与南方神灵的代表“朱雀”沟通交流，交流的重要议程就是用好肉好酒献祭，祭祀的祭器也往往做成鸟形。因此这些飞鸟就有了崇拜的身价，成为一种定式——铸在了巫师的杖首上，代表着最高的君权、神权。在云南省博物馆、大理州博物馆、成都三星堆博物馆都藏有大量的鸟形权杖。权杖文化起源于西亚欧贝德文化，约公元前4000年。在美索不达米亚曾发现大量的权杖文物，随着文化的传播，世界上许多地区的君主都先后用权杖来象征权力。权杖文化传到云南时，权首的鹰或狮变成了鸡或大鹏金翅鸟。滇池一带多以金鸡为象征，洱海一带又以金翅鸟为代表。这与同时代的华北及楚文化用鼎

尼泊尔杜尔巴广场的石雕金翅鸟

青铜立鸟　西汉　直径3.5厘米

青铜金鸡　西汉　高8.5厘米

来象征王权、神权的信仰完全不同。

金翅鸟的传说太多，在印度、西藏他最后被同化为本教的万鸟之王“妙翅鸟”，在大理他仅是“天龙八部”之一，称为“迦楼罗”，是太阳与火的化身，他火焰升腾的尾翼是古人心中的真神。据说他住在须弥山下，常护持释迦左右。洱海一带过去水患较多，民众认为是龙腾云布雨的结果。金翅鸟鸣声悲苦以龙为食，能镇水患，故广为信奉，相传龙性敬塔畏鹏，故筑塔让鹏高高立之，希望风调雨顺，五谷丰登。《南诏图传》画卷上绘张氏等九人拜祭铁柱，柱顶上就立有一鸟，此图腾鸟文字卷上称为“此吾家中之主鸟”。南诏大理国时期，随着佛教密宗传播的深入，大鹏金翅鸟逐渐成为大理地区重要的佛教护法造像之一。

大理地区的“鸟”与世界上许多地区古代文明发展相符，风格一致，功能相同，区别只有出现时间的先后及杖首飞禽的变更。

大鹏金翅鸟非鸟也，从外形上看他是雄鹰的化身，顶有肉瘤，双目圆睁，项毛飞扬，双翅呈倒“U”字形内卷，尾羽镂花作火焰状，并用细银丝挂有水晶珠3颗（双足及莲花座已失），长8.5厘米，高5厘米，采用失蜡法分块浇注成型，用刀修凿后，再用铜丝串接而成，时间在大理国初年。

《南诏图传》铁柱顶上的“主鸟”

大鹏金翅鸟　大理国　铜鎏金　直径8.5厘米

怎样鉴别大理金属佛像

鉴别大理金属佛像，首先要对大理地区的古代人物绘画、名僧、石窟造像有所了解，特别是对《南诏图传》、《张胜温画卷》中神佛的绘画、对云南博物馆、下关、大理市博物馆中的多种大理佛实物铸像（标准器）要熟记于心，这些标准型的大理佛像实物、绘画，让我们在鉴别时有参照，有规律可循。

铸造工艺的鉴别

大理佛像宋代以前的多见青铜，元代后多用红铜和铜锌合金，黄铜主要出现在明清时期。铜材均采用当地丰富的硫化铜，所以含砷较高（约在2%左右）。中原、西藏、印度等其他产地的铜佛含砷量均在1.3%以下。中期采用失蜡法工艺，失蜡法铸出的造像表面光滑平整，铜质红中偏黄，晚期的黄中泛白，有的铸像表皮带砂眼气孔而凹凸不平，这是翻砂时脱落的砂粒及气流阻断细窄的孔道造成的。

古代佛像制造神圣复杂，要求较高。如用陶范铸造，其外范将要剖割成若干块才能脱模，这在浇铸时，外范固定和拼对十分困难，铸出的佛像也容易变形错位，所以用失蜡法制造是成熟的工艺。只需先做一个完整的蜡模，在蜡模外敷泥，留出铸孔，待外范干结后，加热使内范的蜡融化从孔道中流出，此时在外范内就形成一个与蜡模形状完全一致的空腔，再将铜液顺孔道注入饱和，冷却后剥去外范，就形成一件

元代阿嵯耶观音立像，铸像表面凹凸不平

表面光洁，无外范分割痕迹的佛像。云南的青铜铸造发展较早，失蜡法早就是云南青铜器的一种铸造工艺。这一方法让滇池、洱海一带青铜器物的艺术表现都达到一流水平。工匠的铸造工艺水平高超，口传心授，世代相传，这就保证了佛像铸造的第一道关，成形完好。铸出的佛像如果局部衣纹不够流畅清晰，可用锉刀刮削修饰，如出现孔洞，可将孔眼修锉扩开为整齐的方孔或圆孔，嵌入铜片敲打锉平即可。大理佛像底部中空，胎薄均匀，表面光洁，突起处不生硬刺手，衣纹线条流畅清晰，底边铜质薄齐圆润，多数铸像胎内隐现与身外走向一致的衣纹，这是大理佛像铸造时留下的一个鉴定特点。另外个别老旧佛像在铜质表面上会留下铸造时其他金属液体的流敞纹，有的在气孔留下的孔洞及损坏部分有老补的方块。这些都是老旧造像在铸造时留下的缺点，但这些缺点在时光的流逝中都被表层的包浆、皮壳所掩盖。要在不同角度的侧光下细心观察才能发现。仿品在铸造上主要有四个问题：一是未经百年氧化，重量超过真器；二是胎体不均匀，胎壁过厚，胎内无隐现的纹线；三是铸像比例失调，头冠、手脚、飘带、背部衣纹等细节部分失形，错位；四是打磨过度，表层过于光滑，没有了肌理层次感，还产生了“贼亮”。老旧佛像都是手工制造出来的，只要细心观察，肯定能找到陈旧的加工痕迹。

铸像内壁隐见与外壁走向一致的纹路

带有其他金属的流淌纹

损坏处有修补的方块

“鎏金”及外表“包浆”“皮壳”的鉴别

鎏金

佛像的鎏金，简单说就是把黄金切碎和水银按比例搅拌混合后，将之涂抹在铜像的外表，再用炭火加热烘烤蒸发水银，最后放入水中冷却后使黄金完整平滑地堆积在佛像上。水银法鎏金的特点是色泽沉稳，鎏金佛像外观感觉几乎与纯金佛像一致，增加了尊贵和庄严。

大理早期制作的鎏金佛像在烘烤过程中，金粉在有的点位被铜和其他的混合物质稀释了，因此鎏金佛像的外表，仔细观察其金水的色调与厚度是有变化的，形成了自然的层次感。由于滇金成色较高，鎏金佛像的表皮呈温暖的黄红色，晚期黄金成色下降，金色偏黄、偏白。因黄金成色不同，鎏金表面颜色也不相同，一般佛像鎏金成色是“七清、八黄、九五赤”。早期铸像鎏金一般厚、匀、细，晚期或仿品鎏金薄，金色黄白，抢眼。

老旧的鎏金在佛像腰腿等部位近距离侧看，鎏金的表面有细密的起伏，有一层微小凸起的小点如橘皮一般，晚期的铸像鎏金表面则平滑如镜，表皮没有肌理感，起伏的小点是过去鎏金工艺冷却时细小的微风留下的遗憾。老旧鎏金佛像金水脱落处呈现青黑色和棕红色的铜质。这是二次氧化形成的，与常见的“黑漆古”不一样，黑中透出棕红色的光泽，十分养眼。金水脱落的走线不能黑白分明，边线应犬牙交错，表现应深浅逐渐过渡，这是人对器物长期盘磨的自然效果。老旧鎏金铸像其内壁有的会留下部分炭火烘烤的金属光泽。出土的鎏金佛像金水一般大量脱落，脱落处的铜质易生锈斑，残留金水的表面都附积了一层厚实的矿物质将金水覆盖或紧紧包裹连为一体，这要用药水浸泡漱洗后才能呈现出原有的金色，但这会对佛像仅有的金水产生一些破坏。如果传世佛像金色生硬，金水呈块片状的脱落，脱落处露出的铜质呈色怪异，无自然的层次感，在购买时均应三思。大理地区鎏金佛像不多，多见的是漆金和刷金，其金水均在锈层之下，仿品与之相反。

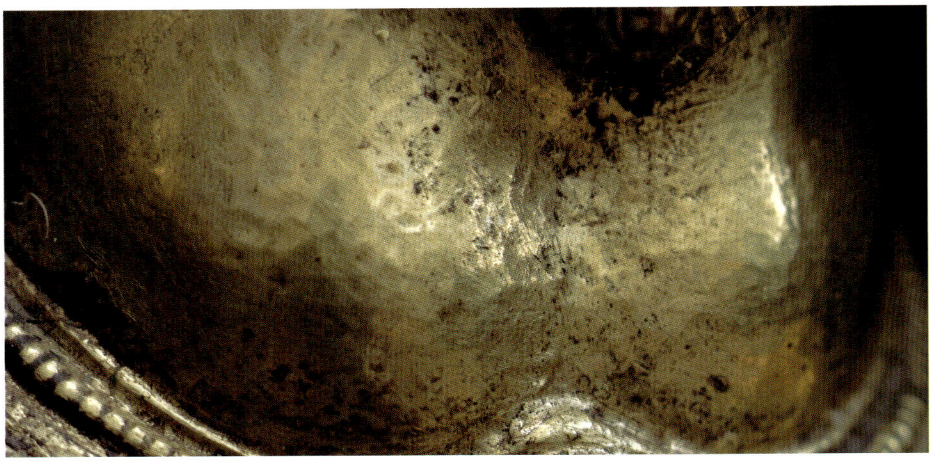

侧光看凸起的小点如橘皮一般

侧光看凸起的小点如橘皮一般

虽有旧痕，但鎏金表面平滑如镜

金水脱落处呈现的铜质及漆皮

金水脱落处呈现的铜质及漆皮

包浆

我们所见的佛像来源仅有两条渠道：一是传世，二是出土。包浆出现在传世佛像的外表，一尊佛像经过长期氧化及人为地把玩摩挲，铜质表面呈现的绝不是黑、红色的单一斑块，细看应是黑、灰、棕、深咖啡色的小型色块相应交叉排列，又逐渐融合，融合成青中有黑，红中有棕，深浅有序，色块过度自然。自然指有层次感，带连贯性的色斑，当然，包浆的黑色、棕色也是泛指。包浆与铜质间结合要紧实，包浆呈现出不同的色斑，这是过去对矿石冶炼不精，铜、锌、铅、锡等金属微粒长期氧化表现出的结果，只要轻轻揩搽，立即透出宝光，光泽随着表面的凹凸变化而变化。仿品的包浆虽然用油搽，用生皮打磨，化学药水侵蚀，但呈现的光泽并不自然，表面多呈现出清代铜器暗淡的酱油色，单一的色调生硬刺眼，缺乏浓淡色差，失去了立体圆雕光线明暗的效果。胎内的氧化层也没有连续性，被底边阻断后，与外表的氧化层锈色不一致。

老旧铸像表面呈现的包浆及光泽

老旧铸像表面呈现的包浆及光泽

老旧铸像表面呈现的包浆及光泽

皮壳

出土的佛像带有皮壳。所谓“皮壳”，是指佛像在地下长期埋藏，其表面受土质中其他矿物质侵蚀而形成的腐蚀层。“皮壳”应是沁层斑斑，层次丰富，但坚实均匀，色泽变化多端，由内向外延伸，皮壳剥落处露出的铜质，会有大小不等的砂眼和气孔。

大理地区出土的佛像，铜质表面局部地方均带矿化点，矿化严重的轻轻敲击声音沙哑，上手重量偏轻。有的铸像表皮达不到矿化程度，皮壳的腐蚀像蚊虫叮咬过皮肤结痂一样，呈起伏的小圆圈状，重复剥落。有的皮壳表面是小点状，凹凸不平，并连成块或线状。这是地下水气及其他矿物质的腐蚀铜质表面形成的。皮壳的锈色也应与包浆的呈色一样，体现在一尊佛像上应前后、内外一致，色泽自然有序，忌生硬无层次。

出土时间不太长的铸像，回水可闻到淡淡的土味，并可能在衣纹的皱折处隐现旧彩，皮壳呈现的绿锈、枣皮红等锈斑密实，即使是用醋酸也不容易洗刷。新仿的皮壳由于胎体是电解铜，铜质密实，表皮光洁，这必然造成伪锈松软，一紧一松使锈附着不实，一洗便掉，并带有铜腥味。有的虽经处理，但底子与锈斑不易分清，伪锈无层次，底子铜质灰黑，铸像怎么看都仅见灰黑两种颜色。

皮壳的锈斑紧实而连贯，呈色自然

皮壳的锈斑紧实而连贯，呈色自然

造型风格的鉴别

在阿吒力教发展过程中，先后受到周边地区宗教文化的影响，使其铸像造型中反映出了丰富多彩但又独具特色的风格，既没有中原的严谨单一，也没有西藏的神秘繁杂，没有南传的幼稚简单，更没有印度的神圣高远，是一种四不像。这种四不像的铸像正是她的独特性，也可称为风格。这种既融合了周边铸像的基本造型和神格，又脱化而出带有浓郁的本土化特色，深深地打着大理白族烙印的佛教铸像，这就是大理佛。认识了解大理佛，除对资料及博物馆的实物熟记于心外，还要熟悉周边地区的铸像风格，了解阿吒力教的特点，然后从铸造工艺的细微之处区别出它与其他佛教宗派铸像之间的共性与异性，你就会发现它的独特魅力，发现它的美丽与瑕疵。

大理佛像神格制式较多，在鉴别时首先要根据铸像的标识：面相、手印、身姿、法器来分清是佛还是菩萨、护法还是梵僧，再从头冠、服饰、内膛等细微之处来仔细观察其具体特征。

佛陀像

在大理出土的佛像皮壳一般外层带灰黄土沁，沁中间闪现如绿松石色泽样的绿沁，里层是黑灰色的铜沁，外层沁色坚硬并局部呈现细小裂纹。佛像绝大部分是袒右肩式，席地而坐，底部中空，无包底。底边在移动摩擦中会出现若干不同程度的磨损及“卷口”断裂等现象，佛身也多少存在一定的细微伤痕。一尊佛的前后里外是相对应的，在观察底部时，应注意观察内壁，因不封底故内壁的氧化、旧痕也要与外部相应。

松石般的绿沁及表层的龟裂

铸像底部的卷口

铸像底部的断裂

佛身在碰撞时留下的伤痕

佛像发髻低平，发部中间戴髻珠。髻珠呈半圆形，束发类发丝分为上下两层，发丝清晰，在左右鬓角部分发丝分成四五个圆形的小发结。螺发类排列有序的螺圈远看像一顶轻软的毛线帽紧贴于头上，发髻低矮、平缓，在部分佛像的螺发上可见到呈块状龟裂的旧彩，多数佛像表情静穆柔和，额头窄低，面部眉弓突出，宽鼻厚唇，双耳、臂、手腕都会出现耳环、手镯等饰物。上身较长，衣纹极其流畅，用数道装饰性衣纹来表示织物的薄透质感。正面臂、胸、腰、脚处的衣纹辗转反侧，走势在身后都有清晰的交代。双手极其写实，骨节突起，掌纹、指甲及指肉的处理一丝不苟（手脚工艺如尼泊尔佛一般），早期多数铸像盘坐的双腿收得较紧，视觉上腿部肌肉较薄，膝盖至脚踝部分的裙褶如梯田一般，层层舒展，生动自如，包住左脚掌，线条舒展有力，层次分明。特别是左脚触地小腿裙的折皱部分一层层的像八路军的“绑腿”一样，呈三角形插在右脚下面。后期盘坐的双腿收式放松，大腿的肌肉显得粗圆。仿品眼睑、嘴鼻的雕凿不够深刻，个性缺失，衣纹线条不挺，过于均匀，显得呆板生硬，失去佛的庄严气象。

束发类佛像的发髻

螺发类佛像的发髻

螺发上呈块状龟裂的旧彩

梯田般的衣纹层层舒展

双腿收式较紧，左脚呈三角形插在右脚下面

双腿收式较紧，左脚呈三角形插在右脚下面

盘坐的双腿收式放松，大腿显得粗圆

菩萨像

大理菩萨像主要是指阿嵯耶观音。阿嵯耶观音铸像由于近年来拍卖价格较高，多见新仿。仿品铜质生硬，尺寸、重量与真品不符，面相不男不女，无杏仁眼，下巴尖长或浑圆。

近年来仿制较差的阿嵯耶观音像

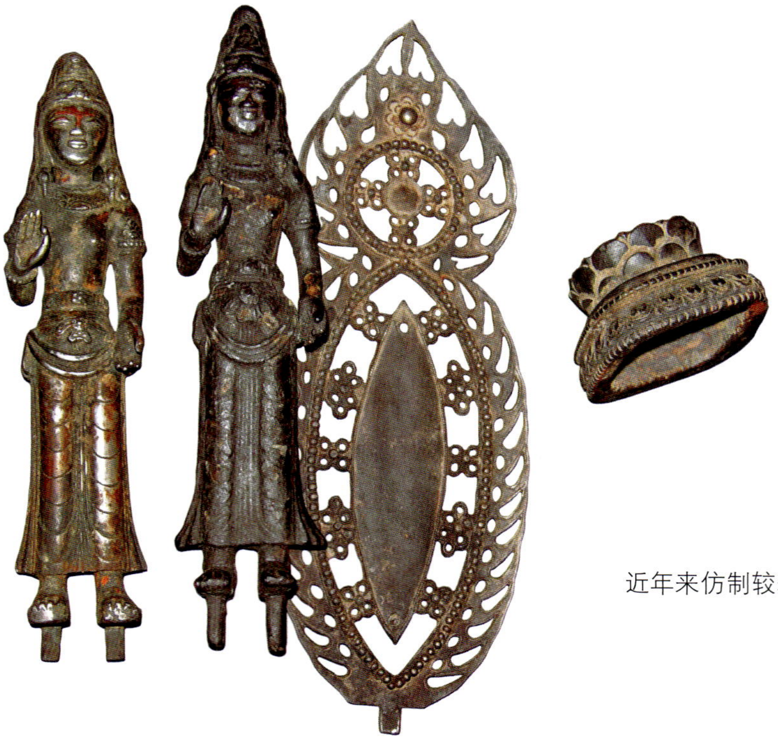

近年来仿制较差的阿嵯耶观音像

晚期或新仿的阿嵯耶观音头髻

晚期或新仿的阿嵯耶观音头髻

晚期或新仿的阿嵯耶观音头髻

晚期或新仿的阿嵯耶观音头髻

阿嵯耶观音的头发是鉴别新老的重点，仿品及明清以后的阿嵯耶从头发上就可区分，此时发髻低矮了很多，从正面看，晚期或新仿的铸像头部化佛的面相、衣纹、手脚一片模糊混沌，发辫如出水的面条一样粘在头上，毫无梳理裹紧的隆出，仅有的几根头发软弱无力、僵直如棍。早期观音菩萨的发髻发冠做得都比较高，在唐宋时期阿嵯耶观音的头发上，能让人明白什么叫工艺精细，精细的东西就是一丝不苟，极细微处都不放过，把工做够做足，每根发丝的力度线条让人无可挑剔。仿品就是马虎粗糙，有形无神，有时精品与凡品、真与假的区别就是这样简单。新仿阿嵯耶观音表面沙眼气孔较多，手、脚、巾帛部分多以焊接相接，焊缝用假锈掩饰，包浆怪异无过渡，表面光滑锃亮，整个造型貌合神离。由于真品阿嵯耶观音像铸造工艺过于精细复杂，故仿品较易辨认，观察时应注意以下几点：

(1)面部眼眉、口鼻是否属同一时期的风格，是否准确到位。头部发髻的高度与脸部的比例是否合理，发髻正中的化佛面相、衣纹与整个铸像的面相、衣纹风格是否一致，由于头部发髻系铸后加凿，发辫的顺丝及扭丝刀痕清晰，晚期的头髻缺失加凿工艺，仅有发型而不见发丝。故需注意头发的走势顺序及发丝的刻画力度，左右发绺的数量及摆放位置是否正确，在多数情况下，阿嵯耶观音的发绺是左侧11辫，右侧10辫，但这不是绝对的，“众多观音又不完全雷同，如观音发绺数量并不完全相同，因而，又不是一个模型浇铸的。结论是，以一个原型为样板，生产时又不是成批浇铸，而是一个一个地分别铸造”，故发辫的数量可略有变化。

(2)双耳硕大的螺形耳环有沉重感并铸有民族特

色的纹饰，从头顶正面的束发带花冠、项链至腰部的花箍、裙结正面共有四条横向饰物，但从背面看，仅有三条饰物，花冠与腰箍、裙带前后相连，仿品则将束发带或项链全部连结。

⑶腰部是否与明代的官员一样系有一条“带板”（花箍），花箍上的梅花及花瓣是否对应，花瓣数量有无缺失。腰部正中的裙结应清晰有力，阴阳面起伏有序（不能像布贴画一样平摆于腰间），裙角是否自然飘举，全身正反面的衣纹线条及包浆是否对应，长方形背窗的开凿数量及位置是否正确。

大理国时期鎏金阿嵯耶观音的右发髻

大理国时期鎏金阿嵯耶观音的左发髻

大理国时期阿嵯耶观音的背部

大理国时期阿嵯耶观音的背部

新仿阿嵯耶观音的背部

新仿阿嵯耶观音的背部

腰部的花箍

腰部的裙结起伏有力

裙结像布贴画一样平摆

腰部的裙结起伏有力

⑷早期观音铸像臂钏朝上，紧靠腋下，元代以后下垂至臂部中央，阿嵯耶观音的手镯与臂钏花纹应一致，是联珠或小三角形，双手是否持“安慰摄取印”（一些持印的双手左右颠倒或手掌朝向错位），掌纹及指尖应清晰可见。

⑸整个铸像手工打磨痕迹清楚精细，重量适中，线条流畅，“U”形裙纹薄透贴体。

其他类型的观音铸像一般头戴高冠，冠呈圆桶状，胸前及腰膝处悬挂璎珞、珠粒，璎珞早期呈椭圆形，具有粗大沉重感，晚期珠粒减少，珠形浅平。穿羊肠大裙，飘带流畅，腰部打结。早期的千手观音手臂手掌上举并内收，宋代以后千手观音的手臂向外平伸，大理国观音多数表面都髹有一层红漆。

大理国时期阿嵯耶观音的掌纹及指尖清晰可见

大理国时期阿嵯耶观音的掌纹及指尖清晰可见

千手观音像　大理国　铜鎏金　高24厘米

千手观音像局部

宋代以后千手观音的手臂向外平伸

宋代以后千手观音的手臂向外平伸

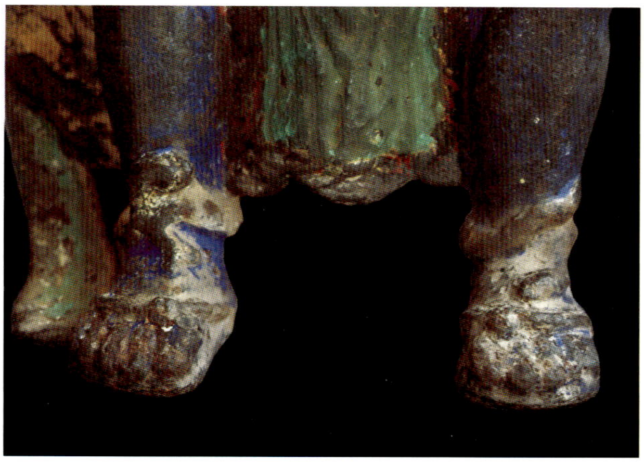

大黑天脚蹬芒鞋

大黑天脚蹬芒鞋，身着百褶短裙

悬挂的骷髅头表情各异

护法像——大黑天神

大理宋代时期的大圣大黑天最典型的特征就是穿着虎皮百褶短裙，剑川石宝山石窟第六窟“明王堂”及《张胜温画卷》中的大圣大黑天都带有此显著特征。其他地区、其他时代及其他种类的大黑天也会穿虎皮裙，但都没有百褶裙的裙边。大黑天铸像造型复杂，制作难度大，故实物较为少见。大黑天多为铁铸，通体乌黑，其特色是一次性铸出后再加雕凿，无焊接痕迹。虽然多手握法器、兵器，但排列有序，打磨较好，圆润不扎手。色泽自然，头发向上飘举，牛眼圆睁，虎牙獠出，裸上身，胸腹、臂、腿肌肉突出，头冠、颈部、腰带、脚腕均装饰骷髅头，脚蹬芒鞋（有的赤足），脚趾及鞋带雕刻有力，悬挂至腰部的一串骷髅头面部表情各异，有的呈痛苦状，有的还在冥想，清晰生动。四肢有毒蛇缠绕，毒蛇动感强烈。整个造型凶神恶煞，威猛雄壮，魁梧有力，如唐代力士。

整体充满动感力度，是大理大黑天神的普遍风格，这与西藏、中原的大黑天造型明显不同，但有西藏早期大威德像之神韵，较易辨认。仿品手脚僵硬，身体臃肿，飘带无力，众多骷髅头面部五官模糊，盘卷在手脚处的蛇如冻僵了一般，无扭动，整体手感偏重，刀法浅浮，打磨粗糙。

大黑天群雕像　大理国早期
木雕加彩　长145厘米，宽36厘米

大黑天群雕像局部

大黑天群雕像局部

大黑天群雕像局部

大黑天群雕像局部

大黑天群雕像局部

西藏大黑天

中原大黑天

大鹏金翅鸟

大鹏金翅鸟

在鉴别金翅鸟时要注意：它不是整体浇铸的，而是分铸用金属丝线穿结拼装而成（用银皮锤揲出来的也是如此）。分铸部分含头颈、胸翅、长尾及脚与莲花四个部分，尾部羽毛上挂有佛教七宝中的水晶、琥珀等小珠三至五粒。全身工艺的特征是：强壮的钩形嘴和圆睁的炯炯目光俯视一切，升腾的火焰形长尾仿佛随风左右轻晃，灵动流畅；顺势由下向上弯曲成180°的双翅如旋转的轮，与柔曼的尾羽刚柔相济，胸部是饱满的扁球形体。他是一件精细之物，捧在手中都要小心翼翼，可能头上落下的一根发丝都会将他压垮，因为串连的金属丝线在一千多年的岁月中早已矿化。金翅鸟主要从他凶猛的神态及精致的工艺上来观察，新老较易区分。

大鹏金翅鸟局部

大鹏金翅鸟正面

大鹏金翅鸟局部

大理国王及梵僧像

大理国王及梵僧像因受万人敬奉，又生活在现实之中，故在铸像时多有样本参照，其像多数栩栩如生、神形兼备。早期脸部身形个性特点突出，鉴别时主要从面部五官来区分。

大理国王多是白族人宽鼻厚唇的面孔，身形铸造与佛像基本一致，双手戴镯，结跏趺坐，衣纹呈弧形下垂，衣褶起伏有致，疏朗流畅。由于其像极为罕见，不具有普遍性，故不多谈。

早期梵僧像多是高鼻凹眼的“胡人像”，晚期则同化为中原罗汉像，早期面部双眼细长，晚期圆突，像牛眼一样瞪着；早期双袖一只下垂显得长一些，另一只显得较短，还可看到小臂上露出的内袖；晚期双手均被宽袍大袖裹住，仿佛隆冬到来一般；早期长衣下垂，在腰部斜系一细带，到明代时发展为细带之上当胸又加一宽大横带；早期梵僧多数赤脚或穿草鞋，晚期双脚都穿上了云头布鞋；早晚期的衣袖皱褶线条均如魏碑书法，厚重有力，同时也胸腹有力青筋凸起。总之，晚期工艺相对粗简，形象流于程式化，神韵不足，梵僧罗汉诸像仅剩夸张的躯壳。

早期双眼细长

后期怒目圆睁

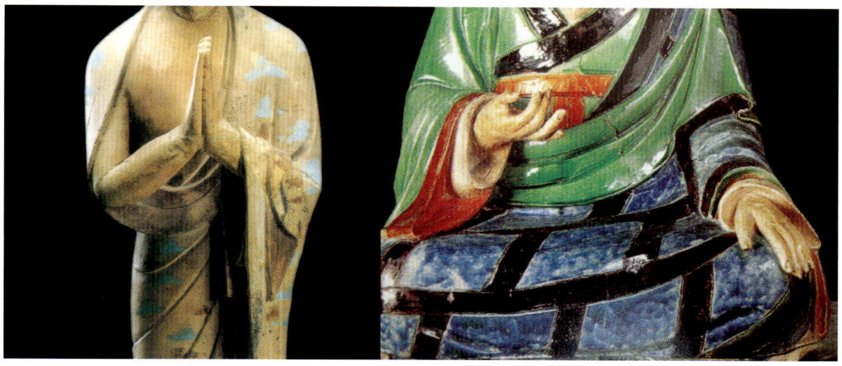

早期双袖长短不一，手掌外露

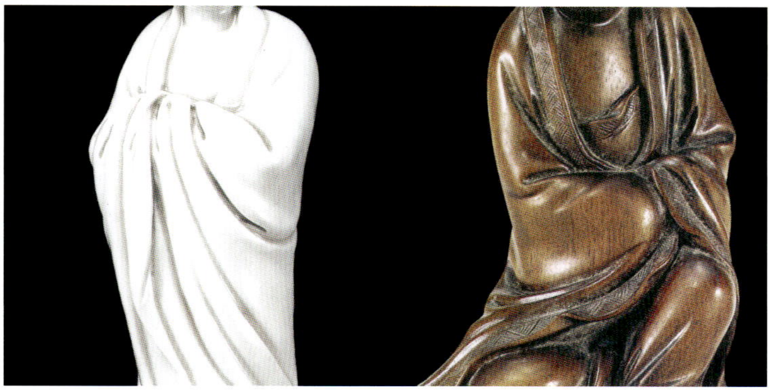

晚期双手被衣袖裹住

早期铸像在腰部系一细带

晚期铸像则在细带上又加一条宽大横带

大理佛衰退时期的特点

元、明、清三代大理再无王室、寺庙铸像出现，民间铸像品种也日渐稀少单调，常见的有道教的玉皇、天官、财神及释迦、地藏、送子观音……多数铸像铜质生硬，打磨后的表面呈暗咖啡色，手感沉重，比例失调，少数鎏金的表面金色漂浮，一些外表大量施彩或漆金、刷金，用过度的修饰来掩盖其粗糙的线条。衣纹配饰也走向极端——不是太简就是繁杂、臃肿。总之，庄严神圣的佛味逐渐淡去，代之而起的是世俗化的面相——矫情、甜俗，这种毫无古意的造像，让人难以观想，南诏、大理国时期的气韵和风采彻底消失。

元朝时期的造像

明朝时期的造像

鉴别时要留意的其他问题

虽然谈了一些鉴定大理佛的知识，但在收藏中仍会有“打眼”的问题出现，这不是知识不够，而是经验不足。主要有三个方面的表现：一是认为自己水平可以，看货粗心大意；二是因利蒙眼，贪图便宜或是被重量级铸像的名头诱惑；三是断章取义，仅以图片和文字资料来对照实物，自己无主见体会（又不求教），生搬硬套。解决这些问题需要有一个客观的思想，良好的心态。

既要远观，还要近察

“古玩”的水是很深的，以今天的信息发展水平来说，一般卖方比你懂，因为铸像是他用钱换来的，上手研究、询问了解的时间比你长，故事都替你编好了，怎么会让你捡到便宜呢？看到让眼发亮的铸像，要虚心向商家询问来路、年代、价格等一系列问题，让他多讲，自己分析。面对一尊铸像，先不要看他的具体特征，而是静下心来用心去感受它的神韵，远距离用心感悟一下。以一个信徒的身份观察铸像的艺术表现手法和内在精神，领会造像流露出的微笑，嘴角眼眉蕴含的慈祥，是否神秘、是否亲切、是否与他有距离感、是否心灵受到慰藉，这是鉴定佛像的第一关。因为仿品借用照片或实物摹刻，仅能得其章法，难以得其神韵，无法度与功力。一个有独特艺术风格的老旧铸像他会和你“过电”，这绝不是表现在铸像的面部表情上，而是其身体的所有部位相互叠加在一起产生出的卓越艺术性，你会对他流露出来的肢体语言心领神会，获得感悟。这是过去的艺人深怀增强功德意识，改善自我业力的祈愿，对铸像所倾注的虔诚、尊崇之心产生的宗教艺术结晶，这与今天的匠人缺乏对真品的见识和宗教的虔诚，三天两月成批生产的工艺品是两码事。这时，回过来近距离上手再来看他的具体特征，心中就会有了自己的主见。

不听故事，注重小节

一个铸像从设计到完工，都具有宗教背景、铸造工艺及神格的规律可循，当你观察一尊佛像的时候，首先要明白这是什么佛，他规范的神格是什么，各朝代铸造工艺的特殊性、差异性是什么，如出现矛盾或看不懂的地方，就应十分注意，如果售价太高或太低，都违反了规律，要三思而行。近距离上手察看时，要细心观察面部五官，“佛凭一张脸”，如果开相不好或五官错位，就要考虑其收藏的价值。在对佛像周身观察时，要全面不要片面，要点面结合、前后结合、里外结合、神形结合，不能听别人讲故事，一知半解，更不能以点带面，以某一局部的特征便简单的下结论，草率的肯定或否定，即使是仿造的也尽量弄清是新仿还是老仿。每个朝代铸像的艺术风格及装饰特征都会有一些与前朝不同的区别和变化，就是同一朝代也会因地域不同及信仰的差异而形成风格及工艺的各异。所以在观察鉴别时应留意细处和小节，从髻珠发丝到手脚指纹，从颈臂珠链到衣带裙角，每一个细小的纹饰都是鉴别断代的要点，“差之毫厘，失之千里”，以一丝不苟的态度把其共性和异性区分开来。

排除法和对比法相结合

用排除法时，心中要熟悉中原、尼泊尔、印度、西藏等地的铸像风格，更要了解滇人、白族人的面相、服饰特征（如颧骨高、口鼻宽厚，极少戴帽，喜戴耳环、手镯、赤足等），才能从地域风格上在众神之中一眼将大理佛辨认出来。同时，再用对比法来进行对比，这是最直观、最实在的办法。古人说："不怕不识货，就怕货比货。"实物对比可立判真伪，但难的是怎样获得比较的实物，这就要求收藏者生活中特别留意周围的朋友、商家及国内外出现的有关大理地区铸像的实物、拍卖资料。尽量将获得的实物资料集中起来，与眼前的造像进行比较，这是最直接、最可靠、最迅速地区别大理地区造像、确定其年限的最好方法。

多到博物馆，多看真品是重要的学习，因此对佛教艺术品新老的区分，重要的是要有对真品的见识，一定要见过并有认识，这是共性的东西，对所有需要鉴别的物品一样适用。对佛教艺术品好坏的区分则是要明白佛教的 相关知识，从一个信众的角度去理解作者虔诚的内心及铸像上表现出的佛味，这带有一些特殊性，因为在工艺水平相当的条件下，对佛满怀虔诚敬爱的人所铸出的造像，是麻木之人不能比拟的，虔诚的心无法可仿。

不要简单地相信自己的"眼睛"，带着问题学习

今天要想在古玩中捡漏基本为零，如果在资料上曾经见过，又拍过高价的"大理佛"忽然出现在你眼前，你一定要提高警惕，动物、植物都知道伪装，何况人乎。如果制造仿品的师傅连铸像的基本面貌、四肢、衣纹、重量、锈色都做不好，让人一眼看穿，那还吃这碗饭干什么？因此有的时候，连自己的眼睛都不要相信。眼睛看后还要用逻辑思维来推理，用经验来判断，如果还拿不准，再及时请教与此物无利害关系的内行、专家。

带着问题学习，在收集、阅读佛像资料图片时，不能读死书，书上的资料是带有共性、普遍性的，但造像却千差万别，学习要联系实际，不断提出问题，针对问题进行学习，才是真正意义上的学习。学习中要有一些佛家"闻、思、修"的精神，多听意见，多想为什么，多看实物多上手，用心感悟，才能形成自己的心得体会，克服"贪、嗔、痴、慢"的心态，对有问题的铸像，不要自己说服自己，刻意追求。有疑问的就应及时放弃，随缘随份才好。

结束语

习武之人都认可愈简单的招式愈要功力，佛像艺术品也一样，简单的线条纹饰更难以表达思想及肢体语言，所以后期的艺术品纹饰是越做越繁复。对个人来说，鉴别造像能力的深浅，体现在你对工匠技艺及宗教信仰的理解和认识，你认识得愈深，你对铸像的大美及对宗教的尊崇、感悟就越深，这也是凝视观想的重要结果。

大理佛引人入胜，首先应该是其古老独特的佛教文化，其次才是他庄严精致带有个性的艺术风格，造像艺术的本质不在其大小表相，而是通过创作使信仰、情感、技法得以自然、简单、朴实地流露。以石木为纸，以钢刀代笔，倾诉着创作者的内心世界，通过作品的精神展现来感动我们。优秀的铸像可以大刀阔斧、力拔山兮，也可小到微尘，纤毫毕现。虽然各朝各代的工匠艺术修养、技艺水平有高下之分，但风格传承是有序的。风格的变化应是受社会的影响，社会群体艺术鉴赏能力的高低肯定会影响到创作者水平的发挥，这就是佛教造像到明清之后逐步衰落、特别是到了今天已彻底放弃了神韵，片面追求尺寸、镶嵌、金水等外形的答案。追求造像的大小、外在的镶嵌、漆皮金水等言论，都是舍本求末，使作品成为真正的绣花枕头。早期的石木青铜铸像是没有鎏金镶嵌的，先人不肖这些杂乱的小技，因此早期造像普遍表情鲜活，身形灵动，肌肉有弹性，服饰有线条。

今天，一些所谓的古玩引导者，他们的收藏过程及对造像的赞美，都是有目的的，通过对造像外部的吆喝，将他们手中的一些有形无神，贱价平凡的物件包装成上好的“精品”，用“钓鱼式”的方法推销给内心浮躁的跟风者及土财主般思维、审美的人，他们的行为让高雅严肃的艺术鉴赏一步步沦落风尘。我常看到一些所谓的精美铸像及物件，既大且笨，金水青黄，外表通过繁杂的加工，重复的劳动，用叠加起来的工来表现所谓的巧，这样的作品也耗时耗工，也玲珑剔透，但不会让人感动，只能让人瞪眼咋舌。

中国地大物博，历史悠久，随着时光流逝，古物不断地发掘出土，很多东西仍需我们不断地认识、学习和总结，一切疑问终有结论。虽然佛教造像千差万别，但体现的精神、宗教信仰却是相同的。其实佛像鉴别的过程就是去伪存真，目的是让其得到科学客观的评判，还其真实面目，让今人知其正确的称呼、年代、神格、造型而珍惜善待古物，让嗜古、收藏、经商之人知其艺术、珍稀、价值之所在，但在信徒眼中，佛教铸像就是供奉之物，是精神希望之寄托，其他的一切并不重要，真正修行之人在于内心，而不在言行。时至今日，佛教提倡的慈悲待人、众生平等仍是我们为之奋斗的目标，佛要求的“利、欲、法、脱”更是我们生活中自我完善的根本，我们今天的智慧，得益于先圣伟大的思想。

主要参考书目

[1] 中共昆明市委宣传部、昆明市文产办. 昆明三万年 [M]. 云南: 云南大学出版社. 2004.

[2] 李东红. 白族佛教密宗–阿吒力教研究 [M]. 云南: 云南民族出版社. 2004.

[3] 张增祺. 滇萃云南少数民族对华夏文明的贡献 [M]. 云南: 云南美术出版社. 2010.

[4] 王海涛. 云南佛教史 [M]. 云南: 云南美术出版社. 2001.

[5] 付永寿. 南诏佛教的历史民族学研究 [M]. 云南: 云南民族出版社. 2003.

[6] 毛小雨. 印度雕塑 [M]. 江西: 江西美术出版社. 1998.

[7] 张锡禄. 大理白族佛教密宗 [M]. 云南: 云南民族出版社. 1999.

[8] 南诏野史 [M]

[9] 白古通纪浅述: 蒙氏世家谱 [M]

[10] 李东红，杨利美. 苍洱五百年 [M]. 云南: 云南人民出版社. 2004.

[11] 刘光曙. 大理文物考古 [M]. 云南: 云南民族出版社. 2006.

[12] 张永康. 大理佛 [M]. 台湾: 台湾典藏艺术家庭股份有限公司. 2004.

[13] 姜怀英，邱宣充. 大理崇圣寺三塔 [M]. 北京: 文物出版社. 1998.

[14] 云南省博物馆. 云南铁器时代文化论 [M]. 云南: 云南人民出版社. 1992.

[15] 王世襄. 髹饰录解说——中国传统漆工艺研究 [M]. 北京: 文物出版社. 1983.

[16] 罗伯特•比尔. 藏传佛教象征符号与器物图解 [M]. 向红茄，译，北京: 中国藏学出版社. 2007.

[17] 朱顺龙，褚馨. 周秦汉唐皇皇国宝 [M]. 上海: 上海科学院出版社. 2004.

[18] 孔祥星、刘一曼. 中国古铜镜 [M]. 台湾: 台湾艺术图书公司. 1994.

[19] 张立新. 神游南诏大理国 [M]. 云南: 云南大学出版社. 2001.